Sabine Börchers
101 Frauenorte in Frankfurt

SABINE BÖRCHERS

101 FRAUENORTE

IN FRANKFURT

SOCIETÄTS
VERLAG

Alle Rechte vorbehalten • Societäts-Verlag
© 2016 Frankfurter Societäts-Medien GmbH
Satz: Julia Desch, Societäts-Verlag
Umschlaggestaltung: Julia Desch, Societäts-Verlag
Druck und Verarbeitung: CPI books GmbH, Leck
Printed in Germany 2016

ISBN 978-3-95542-187-8

Inhaltsverzeichnis

Vorwort

101 Frauenorte in Frankfurt finden? Das klang anfangs nach einer ziemlichen Hürde. Doch ist der Blick einmal geschärft, fällt es leicht, so viele Punkte im Stadtbild auszumachen, die Frauen anziehen, die sie bewegen und im besten Falle überraschen. Historische und längst verschwundene Orte sind dabei, aber fast ebenso viele aktuelle, zu denen auch heute manchmal Männer keinen Zutritt haben. Es gibt zahllose Frauen, die in Frankfurt ihre Spuren hinterließen. Einige Bekannte wie Goethes Mutter oder Rosemarie Nitribitt durften nicht fehlen. Doch noch viel mehr kaum geläufige oder schon fast vergessene Frauen (-orte) galt es festzuhalten, um sie vor dem endgültigen Verschwinden zu bewahren. Und dann sind noch stadtbekannte Plätze hinzugekommen, an denen durch die weibliche Brille neue Perspektiven entstehen, die hoffentlich allen Schaulustigen und Stadtbummlern Freude machen. Denn dieses Buch ist bewusst nicht nur für Frauen geschrieben, auch der eine oder andere Mann wird hoffentlich gerne Orte entdecken, die er in Frankfurt noch nie oder noch nie so gesehen hat.

Apropos Frankfurt, einen Ausflug über die Stadtgrenze hinaus nach Offenbach erlaubt sich das Buch. Das liegt daran, dass unsere Nachbarstadt etwas weltweit Einmaliges zu bieten hat: ein Schuhmuseum. Auf den Einblick in die Geschichte der Fußbekleidung wollte die Autorin trotz aller Klischee-Gefahr nicht verzichten. Auch sonst ist die Auswahl der Frauenorte völlig willkürlich getroffen und erhebt keinen Anspruch auf Vollständigkeit. Im Gegenteil, sie soll Anregung sein, den Blick beizubehalten und noch viele weitere Frauenorte in der Stadt zu entdecken. Unter www.frauenorte-frankfurt.de kann die Suche weitergehen.

Ein großer Dank gebührt den Institutionen und Initiativen, die ihre Türen öffneten und Informationen oder Fotos lieferten. Ein besonderer Dank gilt meinen Mann Thorsten Willig für die vielen Foto-ausflüge und das Bearbeiten der Bilder sowie meinen „Unorte"-Kollegen Frank Berger und Christian Setzepfandt für die Idee zu dieser Buchreihe und die Erlaubnis, dass ich sie fortsetzen durfte. Im Sinne ihrer „un"-entdeckten Orte sind diese 101 hoffentlich „un"-vergesslich weiblich!

01 Adler-Start
Von Frankfurt einmal um die Welt
Gallusviertel, Kleyerstraße 25

Die Sonne schien und die Uhr zeigte fünf Minuten vor Zwölf, als Clärenore Stinnes am 15. Mai 1927 den Wagen startete und fünf Minuten später aus dem Innenhof der Adlerwerke rollte. Zwei Jahre und 46.758 Kilometer später hatte die damals schon erfolgreichste Rennfahrerin Europas als erster Mensch mit einem serienmäßigen Personenwagen die Welt umrundet. Den Adler Standard 6, mit dem sie und der Fotograf Carl-Axel Söderström unterwegs waren, hatten ihr die Adlerwerke zur Verfügung gestellt.

Die Tour führte über den Balkan nach Istanbul, weiter nach Bagdad, Teheran und über den Kaukasus nach Moskau. Weil sie nicht im Winter durch Sibirien fahren wollte, zog Stinnes anfangs das Tempo stark an, weshalb sie und ihr Begleiter immer wieder hungerten. Bei minus 32 Grad überquerten sie mit dem Auto den zugefrorenen Baikalsee. Weiter ging es durch die Wüste Gobi nach Peking, über Japan und Hawaii nach Peru. Geplant war eine Überquerung der Anden, doch als sie dort Straßen erst freisprengen mussten, kehrten sie zurück an den Pazifik und fuhren bis nach Vancouver. Von New York aus ging die Reise zurück nach Le Havre, die schließlich am 24. Juni 1929 auf der Berliner Rennstrecke Avus endete.

Clärenore Stinnes, Tochter eines Großindustriellen, hatte schon mit 18 Jahren die Fahrberechtigung erworben, was damals eine Sensation war. Im Berlin der 1920er Jahre war die zierliche Frau, die meist Hosen und Krawatten trug und rauchte, eine stadtbekannte Erscheinung. Nach ihrer Reise um die Welt heiratete sie ihren Begleiter. 88 Jahre später starteten ihr Sohn Björn Söderström und Ramona Kleyer, Urenkelin des Adlerwerke-Gründers, an gleicher Stelle zu einer Erinnerungsfahrt, allerdings nur nach Passau.

02 Alte Nikolaikirche
Geschliffene Kunst

Innenstadt, Römerberg 11

Bei Sonnenschein leuchten die Fenster im Chor der Alten Nikolai-
kirche in hellem Gelb. Sie zeigen die vier Evangelisten mit ihren
Tiersymbolen. Geschaffen wurden sie von der Künstlerin Lina von
Schauroth, der jüngsten Tochter des Bauunternehmers Philipp
Holzmann. Nach dem frühen Tod ihres Mannes, Leutnant Hans von
Schauroth, durch einen Reitunfall im Jahre 1909 wandte sie sich
der Kunst zu und widmete sich vor allem Tierdarstellungen. Sie
machte Plakatentwürfe, Postkarten und gestaltete im Auftrag von
Hans Poelzig die im Krieg zerstörte Glasschliffdecke mit Sternbil-
dern im Festsaal des IG-Farben-Gebäudes.

Vier Fenster des Kirchenschiffs, die unter anderem die Kreuzigung
Jesu zeigen, hatte sie bereits um 1922 für die Privatkapelle der Familie Carl von Weinberg geschaffen. Doch die Weinbergs wurden
1938 vertrieben und von Schauroth konnte die Fenster vor dem
Zugriff der Nationalsozialisten und der Zerstörung retten. 1953 arbeitete sie sie um, so dass sie in der Nikolaikirche eingesetzt werden konnten. Die fünf Fenster im Chor stiftete Charles Engelhard
aus New Jersey in Gedenken an seinen und Schauroths Großvater
Johann Philipp Holzmann. Dass sie mit den Fenstern am Wieder-
aufbau ihrer Heimatstadt mitwirken konnte, machte sie sehr stolz.

Die exzentrische Künstlerin zählte zum Mittelpunkt der Frankfurter
Gesellschaft. Sie war eine Erscheinung, die stets im Herrenkostüm
mit weißer Bluse und Krawatte gekleidet war. Im Alter wohnte sie
mit der Schriftstellerin Lotte Tiedemann und der Haushälterin Anna
Peter in der Rüsterstraße 24, am Westendplatz. Am 6. November
1970 starb sie mit 95 Jahren. Beerdigt ist sie auf dem Hauptfriedhof neben ihrem Mann, dessen Grabmal sie geschaffen hat.

03 Alzheimers erster Fall
„Ich habe mich selbst verloren"
Sachsenhausen, Mörfelder Landstraße 64

„Wie heißen Sie?" – „Auguste." „Familienname?" – „Auguste." „Wie heißt ihr Mann?" – „Ich glaube … Auguste." Eine Frankfurterin schrieb sich im Jahre 1901 mit diesen Sätzen in die Medizingeschichte ein. Sie war die erste Patientin, an der der Arzt Alois Alzheimer die nach ihm benannte und bis heute unheilbare Demenzerkrankung diagnostizierte. Als der Mediziner Auguste Deter zum ersten Mal sah, war die 51-Jährige geistig stark verwirrt und fand sich weder räumlich noch zeitlich zurecht. „Ich habe mich sozusagen selbst verloren", stellte sie hilflos fest. Ihr Mann, ein Eisenbahnbeamter, hatte sie zum Arzt gebracht, weil sie bereits seit rund fünf Jahren Wahnvorstellungen hatte und die Nachbarschaft immer wieder wegen übersteigerter Eifersucht in Aufruhr brachte. Sie rannte dann durch die Mörfelder Landstraße, klingelte an den Häusern, tobte und schrie laut.

Der Hausarzt wies sie in die „Städtische Heilanstalt für Irre und Epileptische" ein, die der Mediziner und Struwwelpeter-Autor Heinrich Hoffmann einst auf dem Affensteiner Feld, dem heutigen Campus Westend, mit initiiert hatte. Dort war Alzheimer bis 1902 als Assistenzarzt tätig. Er erkundigte sich weiter nach dem Gesundheitszustand der Patientin, nachdem er nach Heidelberg und München gewechselt war. Als Auguste Deter am 8. April 1906 an einer Blutvergiftung gestorben war, „total verblödet", wie Alzheimer notiert, untersuchte er ihr Gehirn. Dabei fand er Eiweißablagerungen in der Hirnrinde und diagnostizierte die Krankheit, die schließlich seinen Namen tragen sollte. Dass Auguste Deter heute nicht vergessen ist, verdankt die Medizin Konrad Maurer, dem Chef der Psychiatrie an der Uniklinik Frankfurt, der 1995 ihre Akte im Keller wiederfand.

04 Anna-Schmidt-Schule
Wo Mädchen lernen durften

Innenstadt, François-Mitterrand-Platz
(früher Blittersdorffplatz)

Wieso war die heute älteste Privatschule Frankfurts eine reine Mädchenschule? Für Jungen wäre eine solche Einrichtung im Jahre 1866, als die 34-jährige Anna Schmidt dies pädagogische Wagnis im preußischen Frankfurt einging, wenig gefragt gewesen. Die höhere Bildung war ihnen ohnehin vorbehalten. Töchter aus gutem Hause hatten dagegen die Wahl, Ehefrau und Mutter zu werden, pädagogische oder karitative Tätigkeiten zu übernehmen. Es war die Zeit, als selbst der Philosoph Arthur Schopenhauer die Frau weder zu geistiger noch zu körperlicher Leistung für fähig hielt.

Erst in den 1890er Jahren wurden in Deutschland die ersten Mädchengymnasien eingerichtet. In Anna Schmidts Privathaus an der Mainzer Landstraße konnten die Mädchen immerhin Deutsch, Rechnen, Sprachen und Religion lernen. Drei Jahre lang unterrichtete sie dort, dann kamen so viele Schülerinnen, dass sie ein Gebäude am Blittersdorffplatz kaufte. Anfang 1900 wurde die Anna-Schmidt-Schule als höhere Lehranstalt anerkannt. Nun konnten auch Naturwissenschaften und Turnen gelehrt werden. 1929 starb die Gründerin. Käthe Heisterbergk, die in Paris und Oxford studiert hatte, baute die Schule zum humanistischen Gymnasium aus, das 1935 als einzige gymnasiale Studienanstalt für Mädchen in Hessen-Nassau anerkannt wurde. Im Krieg wurde das Haus zerstört und sie musste umziehen. 1948 übernahm Paul Scheid die Leitung, führte gemischte Klassen ein und eröffnete den Montessori-Zweig. In den 1970er Jahren waren Privatschulen weniger gut angesehen. „Kommste nicht mit, gehste zu Anna Schmidt" hieß es damals. Heute kann sich die „Anna-Schmidt" ihre Schüler aussuchen.

05 Arbeitersiedlung
Vom Riederwald in den Reichstag

Riederwald, Am alten Volkshaus 1
(früher Max-Hirsch-Straße 22)

An die „Streiterin für Demokratie und Gerechtigkeit" erinnert seit 1995 eine Gedenktafel an ihrem früheren Wohnhaus im Riederwald. Auch ein Platz in der Nähe ist nach Johanna Tesch benannt. Es ist der einzige Straßenname in der 1910 gegründeten Arbeitersiedlung, der einer Frau gedenkt. In der Nähe des Berliner Reichstags ist ihr zudem eine der 96 Gedenktafeln für die von den Nationalsozialisten ermordeten Reichstagsabgeordneten gewidmet.

1875 wurde sie als Johanna Carillon in Sachsenhausen geboren. Sie arbeitete im elterlichen Haushalt, bis sie den Schneidermeister Richard Tesch heiratete. Das Paar bekam drei Söhne, von denen zwei im Krieg starben. Nach der Geburt ihres Jüngsten wurde Johanna Tesch politisch aktiv. In der SPD setzte sie sich für bessere Bildungschancen für Proletarierinnen ein. Ihr Haus war Treffpunkt für Arbeiterfrauen, Gewerkschaftsleute und Parteimitglieder. Sie begründete 1902 den „Bildungsverein für Frauen und Mädchen der Arbeiterklasse" mit und arbeitete im Büro des Vereins im Gewerkschaftshaus als Kassiererin. 1906 stellte sie den „Verein für weibliche Hausangestellte" mit auf die Beine und wurde 1911 seine Vorsitzende.

Als erste Frankfurterin errang sie 1919 ein Mandat für die Weimarer Nationalversammlung und vertrat bis 1924 den Wahlkreis Hessen-Nassau im Berliner Reichstag. Johanna Tesch starb am 13. März 1945, kurz vor ihrem 70. Geburtstag, im Konzentrationslager Ravensbrück. Sie war, bereits herz- und nierenkrank, nach dem gescheiterten Hitler-Attentat vom 20. Juli bei einer Verhaftungswelle gegen Politiker bürgerlicher Parteien festgenommen worden. In Briefen aus dem KZ versuchte sie noch, ihre Familie zu beruhigen.

06 Archiv Frau und Musik
Weltweit einzigartig
Niederrad, Heinrich-Hoffmann-Straße 3

Auf rund 200 Quadratmetern in den Hoffmanns Höfen steht eine einzigartige Sammlung aus Partituren, Büchern und Schriften. Darunter sind Schätze wie Erstdrucke aus dem 19. Jahrhundert und Briefe von Clara Schumann. Mit seinen rund 25.000 Medieneinheiten ist das Archiv Frau und Musik das umfangreichste internationale Komponistinnen-Archiv weltweit. Es enthält Kompositionen und künstlerische Nachlässe musikschaffender Frauen vom 9. bis zum 21. Jahrhundert, aber auch Sekundärliteratur, Hochschulschriften, Presseveröffentlichungen, Mitschnitte von Aufführungen und Konzertprogramme. Sein Hauptanliegen besteht darin, den Reichtum der immer noch weitgehend verschütteten weiblichen Seite der Musikgeschichte einer breiten Öffentlichkeit zugänglich zu machen.

Die Idee dazu entstand vor mehr als 30 Jahren aufgrund eines Artikels der Dirigentin Elke Mascha Blankenburg über vergessene Komponistinnen. Sie rief dazu auf, Kompositionen von Frauen auszugraben und aufzuführen. Dem folgten viele, der Arbeitskreis Frau und Musik entstand und zählte 1979 mehr als 100 Mitglieder. Nach siebenjähriger ehrenamtlicher Tätigkeit bekam das Archiv eine feste Förderung und zog in die Hoffmanns Höfe ein.

Weil die Stadt Frankfurt dem Archiv aber 2014 den Zuschuss und damit die Hälfte seiner Fördermittel gestrichen hat, ist der Fortbestand der Einrichtung ungesichert. Stellen mussten gestrichen, die „Viva Voce", einzige deutschsprachige Fachzeitschrift zur Komponistinnen- und Interpretinnenforschung der E-Musik, nach 100 Ausgaben bis auf weiteres eingestellt werden. Konzerte und Projekte wie das Stipendium „Composer in Residence" laufen dank anderer Förderer derzeit noch weiter.

07 Arme Schwestern
Pflege seit 140 Jahren
Innenstadt, Lange Straße 10-16

Das Gebäude wirkt wie ein gewöhnliches Wohnhaus, doch es ist ein Frauenorden. 40 Aachener Franziskanerinnen leben dort heute in christlicher Gemeinschaft, beten und essen zusammen. Sie haben es sich zur Aufgabe gemacht, sich vor allem um alte und kranke Menschen zu kümmern. Das hat eine lange Tradition. Vor 140 Jahren gründete sich die Frankfurter Filiale der Aachener Kongregation der Armen Schwestern vom heiligen Franziskus mitten in Bismarcks Kulturkampf gegen die Katholiken. Drei Ordensschwestern ließen sich damals in Frankfurt nieder, weitere kamen später hinzu.

Das 1883 in der Lange Straße fertiggestellte Wohnheim bot zudem tausenden Hausangestellten und anderen berufstätigen jungen Frauen Unterkunft. Es gab dort sogar eine Stellenvermittlung. Bereits 1881 wurden erstmals ältere Frauen im Haus aufgenommen. Nach und nach konnten die Ordensschwestern die Pflege professionalisieren. In den 1960er Jahren baute eine von ihnen die zweite Altenpflegeschule Deutschlands in katholischer Trägerschaft auf, die 1973 staatlich anerkannt wurde.

Heute betreibt die Aachener Ordensgemeinschaft das angrenzende Franziska-Schervier-Seniorenpflegeheim mit 120 Betten und 19 Appartements sowie das Pfarrer-Münzenberger-Haus in Eschersheim. Die Schwestern unterstützen das Pflegeheim – wenn auch viele längst im Ruhestand sind und es an Nachwuchs fehlt – in der Seelsorge, an der Pforte und im sozialen Dienst. Eine Mitschwester übernimmt die Seelsorge am Heilig-Geist-Krankenhaus. Die in Frankfurt wohl bekannteste Aachener Franziskanerin, Schwester Sigrid, baute 1999 das Haus Lichtblick als Wohnheim für Obdachlose in der Eschersheimer Landstraße auf.

08 Artemis
Mehr als ein Sportverein
Nordend, Spohrstraße 3

Artemis, die Tochter des Zeus, zählt zu den wichtigsten Gottheiten der griechischen Mythologie. Sie ist die Göttin der Jagd, des Mondes und die Hüterin der Frauen und Kinder. In Frankfurt ist sie zudem seit Langem der Motor des Frauen-Sports. Der nach ihr benannte Verein ist der älteste Frauen- und Lesbensportverein Deutschlands. Gegründet wurde er 1984 von sieben Handballerinnen, darunter ehemalige Bundesliga- und Regionalliga-Spielerinnen, die sich nicht länger den traditionellen, meist von Männern definierten Strukturen und Leistungszielen unterordnen wollten. Die Frauen riefen einen Verein mit feministischen Prinzipien ins Leben, die auch mehr als 30 Jahre später noch Geltung haben. Bei Artemis soll der Sport in einem vorurteilsfreien Umfeld ohne Diskriminierung gelebt werden. Es zählt nicht Leistung um jeden Preis, sondern ein faires Miteinander – was bei den basisdemokratischen Strukturen durchaus mal mit langen Diskussionen einhergehen kann.

Die Handballerinnen erlebten anfangs vom Verband wenig Entgegenkommen. Sie mussten wieder in der untersten Klasse antreten, schafften aber den Aufstieg bis zur Bezirksklasse. Heute zählt Artemis rund 300 „Mitfrauen", die in vielfältigen Sportarten wie Volleyball, Tischtennis, Fußball, Schwimmen und sehr erfolgreich im Tanzen zum Teil sogar bei internationalen Turnieren antreten.

Artemis bietet als einer der größten Frauenvereine Hessens noch mehr: Die Kulturabteilung veranstaltet Lesungen, Ausflüge, Kanutouren und organisiert Frauenfeste wie die legendären TanzZoonen-Partys. Dass die Sportlerinnen jedes Jahr mit einem Stand beim Christopher Street Day vertreten sind, ist Ehrensache.

09 Bankhaus Metzler
Geschäftsfrau mit Geschick
Innenstadt, Bethmannstraße

Für das Wort Bankier gibt es keine weibliche Form. Das sagt viel über diese männerdominierte Branche. Dass die wohl bekannteste Frankfurter Privatbank im 18. Jahrhundert mehr als zehn Jahre lang erfolgreich von einer Frau geleitet wurde, ist wenig bekannt, aber immerhin in der Unternehmensgeschichte dokumentiert. Christina Barbara Metzler leitete von 1757 an das Frankfurter Handels- und Bankhaus Metzler, das sich in der Kälbergasse befand, dort, wo heute ein Teil des Rathauses Römer steht. Damals waren ihr Bruder Johann Albrecht verstorben und der zweite, Wilhelm Peter, in Bordeaux unabkömmlich. So kam es, dass die ledige Frau im Alter von 54 Jahren die Leitung der Bank übernahm, was zu dieser Zeit äußerst ungewöhnlich war. Erst als ihr Neffe Friedrich Metzler volljährig und ausreichend ausgebildet war, führte er von 1771 an die Geschäfte erfolgreich weiter.

Christina Barbara Metzler kümmerte sich um die Kundenbetreuung und auch die geschäftlichen Details selbst. Für die speziellen Fragen zum Wechselgeschäft hatte sie einen Mitarbeiter, den Bankkaufmann Gottfried Malß, an ihrer Seite. Sie zeigte offenbar großen Unternehmergeist und entwickelte die Firma zu einem internationalen „Commissions- und Speditionsgeschäft" weiter.

Als auch ihr zweiter Bruder in Bordeaux 1762 starb, kümmerte sie sich nicht nur darum, dass die Erziehung und Ausbildung seiner sieben Kinder ausreichend finanziert war, sondern holte den ältesten Sohn, den 13-jährigen Friedrich, nach Frankfurt, nahm ihn im Bankhaus unter ihre Obhut und brachte ihm die Grundlagen des Handels- und Bankwesens bei. Er war damit der erste Sohn der Familie Metzler, der als Bankier ausgebildet wurde – von einer Frau.

10 Bankhaus mit Flügel
Goethes einzige Verlobte

Innenstadt, Kornmarkt 15

Goethes Herz schlug bekanntlich für zahlreiche Frauen. Die Frankfurterin Anna Elisabeth Schönemann, genannt Lili, aber war die einzige, mit der der Dichter sich verlobte. Sie stammte aus einer angesehenen Bankiersfamilie, deren Bankhaus im Renaissancegebäude „Liebeneck" am Kornmarkt residierte. Lili Schönemanns Vater, der ebenfalls Johann Wolfgang hieß, hatte die reiche Bankierstochter Susanna Elisabeth d'Orville geheiratet, die das Bankhaus Schönemann & Heyder nach dem Tod ihres Mannes 1763 mit dem Kompagnon weiterführte. Die Witwe verkehrte nur in besten Kreisen. Sie ließ das Bankgebäude abreißen und an der Stelle ein Rokoko-Palais bauen, das fast das Familienvermögen verschlang.

Das Palais verfügte neben den Geschäftsräumen über repräsentative Salons, einen mondänen Tanz- und Konzertsaal, Spieltische, elegante Möbel und einen Flügel. An dem saß Lili, als Goethe das Haus besuchte und sich sofort in die 16-Jährige verliebte. Ihre Brüder waren allerdings nicht begeistert von dem berühmten Künstler, sie hatten andere Pläne mit ihrer hübschen Schwester. Das Bankhaus stand auf wackeligem Boden und benötigte einen finanzkräftigen Investor. Dennoch konnten sie die Verlobung am 25. April 1775 zunächst nicht verhindern.

Goethes Freiheitsliebe und der ständige Boykott der Beziehung durch die Brüder ließen die beiden aber ihre Verlobung nach einem halben Jahr wieder lösen. 1778 heiratete Lili Schönemann den Baron Bernhard Friedrich von Türkheim. Das Bankhaus Schönemann ging pleite. Ihr ältester Bruder hatte betrügerische Geschäfte geführt, die Bücher gefälscht und erschoss sich mit 32 Jahren. Das Palais wurde verkauft, der besagte Flügel versteigert.

11 Bistro Rosa
Geburtsort der Kommissarin
Westend, Grüneburgweg 25

Das „Bistro Rosa" war lange Jahre eine Konstante in der sich ständig wandelnden gastronomischen Welt der Stadt. Doch nun ist auch das kleine, kuschelige Lokal den Veränderungen des Geschmacks zum Opfer gefallen. Dennoch sollte nicht vergessen werden, dass dort einst die Weichen für Frankfurt als Fernsehkrimi-Metropole gestellt wurden. Zu verdanken haben wir dieses einer der bekanntesten Bürgerinnen der Stadt, der Schauspielerin Hannelore Elsner.

Ende der 1980er Jahren saß sie mit dem Münchner Produzenten Georg Althammer in besagtem Bistro, wo er ihr die Rolle in einer neuartigen Krimiserie anbot. Darin sollte eine Kommissarin in Berlin Fälle aufklären. Er habe die Idee dem Sender Sat1 angeboten, doch die hätten keine Ermittlerin als Hauptfigur gewollt, erinnert sich Elsner in ihrer Autobiografie. Also nahmen sie Modell B, „Mann mit Tochter", und daraus wurde „Wolffs Revier".

Ein Jahr später bot Althammer seine Lieblingsidee der ARD an, die sich einer Kommissarin gegenüber offener zeigte. Drehort sollte weiterhin Berlin oder München sein. Da Hannelore Elsner, weil ihr damaliger Mann, Uwe B. Carstensen, Leiter der Theaterabteilung im S. Fischer Verlag war, erst gerade nach Frankfurt gezogen war, bestand sie auf die Mainmetropole. In 13 Jahren entstanden hier 66 Folgen. Die Serie, in der Elsner als Lea Sommer in Kleid und Lederjacke ermittelte, machte die Kommissarin fernsehtauglich und Frankfurt endgültig zur Krimistadt. Schließlich ermittelte hier schon Claus Theo Gärtner als Privatdetektiv Matula. Dass sich damit auch das Image der Stadt als Hochburg der Kriminalität in den Köpfen der Deutschen festsetzte, war ein unschöner Nebeneffekt.

12 Bolongaropalast
Die letzte Diva
Höchst, Bolongarogarten

Sie war wohl die letzte große Theater-Diva Deutschlands. Und wo lebt eine Diva? In einem Palast. In diesem Fall im Bolongaropalast, oder zumindest im barocken Pavillon an der Ostseite des Gartens. Dort residierte die Schauspielerin Rosemarie Fendel 33 Jahre lang, in Räumen mit verschnörkelten Türbögen und Blick auf den Main.

Ans Frankfurter Schauspiel kam sie 1980 bereits als Star. Am Theater spielte sie große Rollen. Im Fernsehen war sie bekannt geworden als Gattin des „Kommissars". Der Intendant Johannes Schaaf war ihr Lebensgefährte. Als er den Michael-Ende-Klassiker „Momo" verfilmen wollte, baten er und Fendel junge Schauspielerinnen zum Casting in den Pavillon. Auch die in Frankfurt aufgewachsene Radost Bokel sprach vor. Sie sei so talentiert gewesen, habe es aber selbst nicht gewusst, erinnerte sich Fendel, die am Drehbuch mitarbeitete, später. Sie begleitete das junge Mädchen zum Dreh in die italienische Filmstadt Cinecittà. Wenn Schaaf Regie führte, stand sie im Hintergrund. Wenn ihr etwas nicht gefiel, wiederholte er brav die Szene. Beim nächsten Film mit Schaaf werde er gleich für die Hälfte der Gage Rosemarie Fendel verpflichten, soll der Produzent Horst Wendlandt später gesagt haben.

„Eines Morgens wachst du auf und bist nicht mehr am Leben", so beginnt ein Gedicht von Fendels Lieblings-Lyrikerin Mascha Kaléko. Ganz so war es bei der Schauspielerin nicht. Sie starb im März 2013 nach kurzer Krankheit im Beisein ihrer Tochter Suzanne von Borsody. Beigesetzt ist sie auf dem Höchster Friedhof. Der Pavillon ist seitdem saniert worden. Viele Höchster würden ihn gern als Ort für Konzerte und Lesungen sehen. Das würde Rosemarie Fendel gefallen.

13 Bonifatius-Kirche
Frankfurts Adelshochzeit
Sachsenhausen, Holbeinstraße 70

Die Bürgerstadt Frankfurt stand dem Prunk von Kaisern und Königen stets skeptisch gegenüber. Doch so eine prachtvolle Hochzeit mit weißer Pferdekutsche und einer acht Meter langen Schleppe am Brautkleid ließen sich die Frankfurter nicht entgehen. Am 15. August 1964 heiratete „Deutschlands unterkühltestes Idol", wie der Sprecher der UFA-Wochenschau die Eiskunstlauf-Weltmeisterin Marika Kilius nannte, den Wirtschafts-Adeligen und Kronprinzen der Frankfurter Feuerzeugmarke Ibelo, Werner Zahn.

Mit der Kutsche fuhren sie einen Tag nach der standesamtlichen Trauung im Römer am Klinkerbau der St. Bonifatius-Kirche in Sachsenhausen vor. Mehr als 10.000 Menschen säumten die Straßen, zurückgehalten von denselben Absperrgittern, die noch ein knappes Jahr zuvor den amerikanischen Präsidenten John F. Kennedy bei seinem Besuch am Main geschützt hatten. Dass die Massen ihre „Marika" lieber an der Hand ihres Eislaufpartners Hans-Jürgen Bäumler gesehen hätten, zeigten sie durch „Bäumler, Bäumler"-Rufe. Doch der stand als Trauzeuge nur am Rande des Altars.

Mancher Fan erkletterte während der Hochzeits-Zeremonie die Kirchenbank, um besser zu sehen, und musste vom Pfarrer ermahnt werden, wie sich Kilius später erinnerte. Beim Hochzeitsessen für rund 100 geladene Gäste im Parkhotel wurde zum Nachtisch „Eisbombe Marika" serviert. Der Bräutigam überreichte der 21-Jährigen als filmreifes Geschenk eine Brillantarmbanduhr und eine zweireihige Perlenkette mit Brillantverschluss, wie die Zeitungen vermeldeten. Ein Happy-End à la Hollywood brachte die Hochzeit dennoch nicht. 1977 ließen sich die beiden scheiden. Daran erinnern sich die Frankfurter aber eher nicht.

14 Bonobos im Zoo
Make love, not war
Ostend, Bernhard-Grzimek-Allee 1

Zugegeben, der Zoo ist kein klassischer Frauenort. Man kann aber von unseren nächsten Verwandten durchaus etwas über das Zusammenleben lernen. Die Menschenaffen haben ganz unterschiedliche Lebensentwürfe. Während die Gorillas in einem Harem mit einem Pascha leben, sind Orang Utans Einzelgänger. Die Bonobos dagegen sind als Matriarchat organisiert. Sie brauchen die Männer ihrer Gruppe nur, wenn es gefährlich wird oder wenn sie sich fortpflanzen wollen. Sex haben sie aber auch unabhängig davon, zum Spannungsabbau, frei nach dem Motto „Make love, not war". Im Frankfurter Zoo lebt weltweit die größte Bonobo-Gruppe mit acht Frauen und zwei Männchen. Ludwig und sein junger Kollege haben da wenig zu melden, besonders wenn es von den Pflegern Leckereien gibt.

Offenbar ist die matriarchale Lebensweise der Gesundheit der Affen zuträglich. Bonoboweibchen Margrit ist immerhin das älteste Säugetier des Frankfurter Zoos. Das Weibchen kam bereits 1959 an den Main, wurde sogar noch in freier Wildbahn gefangen, was heute längst verboten ist. Die Dame ist über 60 Jahre alt, schätzen die Zoomitarbeiter und berichten, dass sie ihren eigenen Kopf habe. Wenn mit den Tieren trainiert werde, etwa sich Blut abnehmen zu lassen, sei sie absolut unbestechlich und mache nur mit, wenn sie Lust habe.

Dass die Weibchen zugleich fürsorglich sind, stellten sie 2008 unter Beweis. In einem Zoo in England hatte ein Bonobo sein Junges nicht angenommen. Die Pfleger in Frankfurt trainierten die Weibchen mit einer Puppe darauf, das Jungtier anzunehmen und es bei einem bestimmten Signal ans Gitter zu halten, damit sie es mit der Flasche füttern konnten. Der kleine Bili lebt heute noch in der Gruppe.

15 Brückenwall
Einkaufsmeile der besonderen Art
Sachenhausen, Brückenstraße/Wallstraße

Natürlich, es gehen auch Männer dort einkaufen. Aber dennoch ist das charmante kleine Viertel um die Brücken- und Wallstraße, das seinen Namen einer Verbindung dieser beiden verdankt, erste Anlaufstelle für Frauen, die Einzelstücke für den Kleiderschrank, ausgefallene Accessoires und eine persönliche Atmosphäre suchen.

In den Läden haben sich Designer und kleine Boutiquen mit so schönen Namen wie Lieblingsstücke, IchwareinDirndl, Freud, Peggy Sue oder Charlotte am Main niedergelassen. Eine Quiltmanufaktur für Nähbegeisterte gibt es ebenso wie den Tattoo-Shop „drauf & dran". Der Laden „designe, kleine!" bietet Kreativen eine Plattform, die selbst kleine Geschenkartikel, Schönes und Schräges entworfen haben. Jeder kann dort eine Box zum Verkaufen mieten.

Die Frankfurter Kreativen haben sogar eine eigene Messe. Die „Stil-Blüten" werden seit 10 Jahren von Stella Friedrichs veranstaltet und starteten im Brückenviertel. Seitdem musste sie wegen des Erfolgs eine größere Location suchen. Heute stellen immer im Dezember mehr als 90 Designer aus und verkaufen ihre Stücke.

Interessanterweise steht das Viertel in allen modernen Reiseführern, viele Frankfurterinnen haben es aber noch nicht entdeckt. Dabei locken immer wieder der „Markt im Hof", besondere Anlässe wie das Brückenwall-Straßenfest, das persönlich und kein Ort für fliegende Markthändler ist oder ein Late-Night-Shopping, bei dem es bis Mitternacht zum Einkaufen nicht den üblichen Prosecco, sondern Ananasbowle, Ausstellungen, Live-Musik oder mehr gibt. Unangenehmer Nebeneffekt des immer kultiger werdenden Viertels sind die steigenden Mieten und damit leider häufiger wechselnde Läden.

16 Bürgerhospital
Deutschlands erste Chefärztin
Nordend, Nibelungenallee 37

Durchhaltevermögen und eiserne Disziplin waren für berufstätige Frauen im vergangenen Jahrhundert so wichtig wie fachliche Qualifikation. Charlotte Mahler hatte beides und brachte es damit zur ersten Chefärztin Deutschlands im Bürgerhospital.

Als sie 1917 in Halle Assistentin des Chirurgen Victor Schmieden wurde, war sie im 7. Semester. Also trainierte sie, um mit vier Stunden Schlaf täglich auszukommen, assistierte dem Arzt tagsüber im OP und studierte nachts. Mit 24 Jahren promovierte sie, ein Jahr später erhielt sie die Approbation und wechselte mit Schmieden an die Universitätsklinik Frankfurt. Dort lernte sie das Berufsethos kennen, für das damals vorwiegend jüdische Ärzte bekannt waren, die menschennah praktizierten und psychologisches Feingefühl zeigten. Charlotte Mahler orientierte sich daran. Sie beschäftigte sich vor allem mit der Infektionskrankheit Tuberkulose, der Bauchchirurgie sowie Kiefer- und Gaumenspalten. 1929 wurde sie Oberärztin der Abteilung Tuberkulose-Chirurgie. Sechs Jahre später übernahm sie die kommissarische Leitung der Chirurgischen Uniklinik.

Nach dem Krieg zeigte sie erneut ihre fast übermenschliche Kraft und Willensstärke. Sie verließ das Krankenhaus für ein halbes Jahr überhaupt nicht und operierte Tag und Nacht. Dazu legte sie im Frühjahr 1946 ihre Habilitation über Behandlungsmethoden von Gesichtsspalten vor und lehrte an der Goethe-Uni. Trotz zahlreicher Proteste ihrer männlichen Kollegen wurde sie im März 1947 Chefärztin und Ärztliche Direktorin des Bürgerhospitals, leitete und prägte das Krankenhaus bis zu ihrem 70. Lebensjahr insgesamt 17 Jahre lang. Sie starb am 12. Juni 1973 und wurde auf dem Hauptfriedhof beigesetzt.

17 Comoedienhaus
Karoline Lindners Wirkungsstätte
Innenstadt, Rathenauplatz/Biebergasse

1780 wurde der Grundstein zu einem schlichten klassizistischen Bau an der Nordseite des Roßmarktes gelegt. Zwei Jahres später hob sich im Comoedienhaus – innen prächtig geschmückt mit himmelblauer Deckenbemalung, scharlachfarbenen Tapeten und mit Sitzen für 1.000 Zuschauer – zum ersten Mal der Vorhang. 1816 erhielt die in Chemnitz geborene Schauspielerin Karoline Lindner, deren Geburtsname Diedolph war, ein festes Engagement am Haus. Mit Rollen wie dem Gretchen oder dem Käthchen von Heilbronn wurde sie bekannt. Sie bestach nicht mit Schönheit, hatte aber wohl eine so starke Ausstrahlung auf der Bühne, dass sie das Publikum, unter ihnen auch Ludwig Börne, begeisterte und eine der bedeutendsten und vielseitigsten Schauspielerinnen ihrer Zeit werden sollte.

Sie wurde bekannt für den von ihr vollendet dargebotenen sogenannten „Frankfurter Stil" der Schauspielkunst, bei dem sie mit knapper Geste und Sprache aber intensiver Mimik versuchte, besonders echt und natürlich zu wirken. Sie war eine Meisterin der Dialekte und brillierte damit zum Beispiel in Carl Malß' Lokalstück „Der alte Bürger-Kapitän", dem sie zum Durchbruch verhalf.

Lindner gab Gastspiele in Berlin und Wien und war dort offenbar so beliebt, dass sie durch ein Angebot vom Burgtheater in Frankfurt eine höhere Gage verhandeln konnte. 1852 feierte sie ihr 50. Jahr auf der Bühne. Kurz darauf gehörte sie als einzige Frau zur Interimsdirektion des Frankfurter Theaters. Dieses Künstlerkollegium leitete das Haus bis zur Gründung einer neuen Theater-AG. 1857 gab Karoline Lindner ihre Abschiedsvorstellung. Das Theater wurde mit der Einweihung des Schauspielhauses 1902 geschlossen und 1911 durch ein repräsentatives Geschäftshaus ersetzt.

18 Cornelia Goethe Centrum
Forschung und Austausch
Bockenheim, Theodor-W.-Adorno-Platz 6

1987 wurde Ute Gerhard Professorin für Frauen- und Geschlechterforschung an der Goethe-Universität – dem ersten Lehrstuhl für Geschlechterstudien in Deutschland. Die Erwartungen bei vielen Frauen waren groß. Aus dem Stand sollte sie die Realitäten in Forschung und Lehre verändern. Es gab intensive Debatten, nicht zuletzt darüber, ob Männer Zutritt zu Seminaren über Frauenthemen erhalten sollten. Die studierte Juristin warb dafür, dass Männer nicht ausgeschlossen wurden. Sie erreichte auch, dass Gender-Themen Bestandteil des Soziologie-Studiums an der Goethe-Uni wurden. Als sie einen Ruf an die Uni Hannover bekam, handelte sie in Frankfurt aus, dass, wenn sie bliebe, ein „Zentrum für Frauenstudien und die Erforschung der Geschlechterverhältnisse" auf den Weg gebracht werde. 1997 konnte sie die Gründung des späteren Cornelia Goethe Centrums feiern, das am 7. Dezember 2000, dem 250. Geburtstag der jüngeren Schwester des Dichters, seinen Namen erhielt. Es war das erste Zentrum dieser Art an einer hessischen Universität.

Die Einrichtung bietet bis heute einen interdisziplinären Raum für Forschung und wissenschaftlichen Austausch sowie für geschlechterpolitische Debatten für Studierende, Doktoranden, wissenschaftliche Mitarbeiter und Professoren, die aus Fachbereichen von der Soziologie und Politikwissenschaft bis hin zur Kunstpädagogik oder Sportwissenschaft stammen (übrigens durchaus auch Männer). Studierende können ein Zusatzzertifikat erwerben, Nachwuchswissenschaftler werden an einem Graduiertenkolleg gefördert. Hinzu kommen eine Vielzahl von Forschungsprojekten und Tagungen sowie Kooperationen mit internationalen Unis. Bis zu ihrer Emeritierung 2004 leitete Ute Gerhard das Institut.

URSPRÜNGLICH STAND HIER DER
"KRANICHHOF", STAMMSITZ DER
FRANKFURTER PATRIZIERFAMILIE
STEFFAN VON CRONSTETTEN.
DAS HAUS BEHERBERGTE 1790
KAISER LEOPOLD II. ANLÄßLICH
DER KAISERKRÖNUNG.

1767 GRÜNDETE JUSTINA KATH-
ARINA VON STEFFAN DIE CRON-
STETT' UND HYNSPERGISCHE EV-
ANGELISCHE STIFTUNG UND DER
"KRANICHHOF" DIENTE ALS DAM-
ENSTIFT, SPÄTER ALS GESCHÄFTS-
HAUS.

DAS HAUS WURDE IM II. WELT-
KRIEG ZERSTÖRT UND 1950 ALS
ERSTES KAUFHAUS IN FRANKFURT
NEU AUFGEBAUT.

19 Cronstetten-Stift
Für adelige Damen
Innenstadt, Roßmarkt/Ecke Kaiserstraße

Justina Catharina Steffan von Cronstetten war im 18. Jahrhundert die bedeutendste Frankfurter Stifterin. In ihrem Elternhaus, dem Kranichhof am Roßmarkt, führte sie ein zurückgezogenes Leben. Als junge Frau war sie von dem schwer verliebten Hauptmann Andreas von Craß entführt worden. Daraufhin beschloss sie, ledig zu bleiben und ein pietistisch geprägtes Leben zu führen.

1763, drei Jahre vor ihrem Tod, begründete sie die „Steffan von Cronstett- und Hynspergische Adelige Evangelische Damenstiftung". Sie bestimmte ihr Haus und den benachbarten Garten zum Lebensraum für zwölf ledige und verwitwete Frauen aus der Patriziergesellschaft Alt Limpurg, mit jeweils zwei Mägden zum Kochen und zur Aufwartung. Über Generationen hinweg bot das Haus Frauen, die nicht heiraten wollten, eine alternative Lebensform. In einheitlicher Tracht sollten die Damen im ruhigen Seitenflügel des Hauses, das inmitten des pulsierenden Stadtlebens stand, ein gottseliges Leben führen. Sie erhielten 11 Gulden Taschengeld im Monat.

Die Dichterin Karoline von Günderrode, berühmteste Bewohnerin, die aus einer vornehmen, aber mittellosen Familie stammte, hielt sich nicht daran. Sie kleidete sich nach der Mode und richtete ihre Wohnung mit Kanapee, Schreibtisch und Spieltisch gemütlich ein. Sie hatte mehrere Verehrer, darunter auch Clemens Brentano. Nachdem sie sich in einen verheirateten Mann verliebt hatte und dieser sich von ihr trennen wollte, erdolchte sie sich 1806 mit 26 Jahren am Rheinufer in Winkel. Der Kranichhof musste 1864 einem geplanten Durchbruch der Kaiserstraße weichen. Die Stiftung unterstützt heute noch Kinder und alte Menschen.

20 Denkmal
Der Grie Soß gewidmet
Oberrad, Speckgasse/Ecke Kochstraße

Keine Sorge, es soll an dieser Stelle nicht auf die klassischen Hausfrauenqualitäten abgehoben werden. Auch die berühmte Frankfurter „Grie Soß" wird von Männern ebenso schmackhaft hergestellt wie von Frauen. Ob Olga Schulz sie häufig gegessen hat, und ob sie ihr überhaupt schmeckt, ist nicht überliefert. Mit den sieben Kräutern hat sich die Künstlerin aus Ludwigsburg, die an der Hochschule für Gestaltung in Offenbach studierte, aber immerhin theoretisch ausgiebig beschäftigt: Und den Frankfurtern das wohl einzige deutsche Denkmal geschenkt, das einem Regionalgericht gewidmet ist.

Seit dem 21. Mai 2007 stehen in Frankfurts „Gärtnerdorf" Oberrad, in dem bis heute die Kräuter für die regionale Spezialität angebaut werden, sieben Gewächshäuser. Ihre Scheiben sind aus grünem Polycarbonat. Jedes Häuschen hat einen anderen Farbton, der einem der Kräuter entsprechen soll. Auf dem Boden des jeweiligen Hauses steht der Name des Krautes, dem gehuldigt wird. Die berühmten Sieben, Schnittlauch, Borretsch, Pimpinelle, Kerbel, Sauerampfer, Petersilie und Kresse, sind um die Häuschen herum gepflanzt, wenn auch mittlerweile leicht verwildert. Schön wirkt die Installation besonders in der Dämmerung, wenn die Häuser eine Stunde lang von innen beleuchtet werden und smaragdgrün funkeln.

Das erste gedruckte Rezept für eine Grie Soß ist übrigens in Wilhelmine Rührigs „Praktischem Frankfurter Kochbuch" von 1860 erschienen. Seit 2011 ist die Spezialität beim Deutschen Patent- und Markenamt geschützt. Nur wenn mindestens 70 Prozent der sieben Kräuter aus Frankfurt und Umgebung stammen, darf sich die Komposition „Frankfurter Grüne Soße" nennen. Selbst EU-weit steht sie seit Kurzem unter besonderem Schutz.

21 Die Merian-Sammlung
Von Raupen und Schmetterlingen

Bockenheim, Bockenheimer Landstraße 134-138

Dass es sich eine Frau im 17. Jahrhundert zutraute, ein wissenschaftliches Werk zu veröffentlichen, ist erstaunlich. Zumindest ist der Kupferstichausgabe von Maria Sibylla Merian ein Lobgedicht vorangestellt, in dem sich der Autor eben darüber wundert. Dabei sah die Frankfurterin ihre Arbeiten eher als Andachtsbücher für die Großartigkeit göttlicher Schöpfung. Diese Begründung dürfte damals die einzige Möglichkeit für Frauen gewesen sein, sich wissenschaftlich zu betätigen. Maria Sibylla Merian, Tochter eines berühmten Kupferstechers, war nicht nur künstlerisch begabt, sondern auch naturwissenschaftlich interessiert. Sie züchtete zum Schrecken ihrer Mutter Seidenraupen und andere Insekten.

In ihren Kupferstichen verarbeitete sie ihre Naturbeobachtungen. Die beiden Bände „Der Raupen wunderbare Verwandelung und sonderbare Blumennahrung" erschienen 1679 und 1683 im kleinen Format als preisgünstige Gebrauchsbücher. Nur wenige von ihnen sind daher erhalten geblieben. Eine der Ausgaben ist in der Universitätsbibliothek zu finden und Bestandteil der Digitalen Sammlung, so dass wir ihre wunderbaren farbigen Kupferstiche, die die Entwicklungsphasen von der Raupe bis zum Schmetterling auf den typischen Blüten zeigen, heute noch betrachten können.

Eine zweijährige Forschungsreise nach Surinam, die sie, nachdem sie sich von ihrem Mann scheiden ließ, allein mit ihrer Tochter unternahm, verschaffte Merian in Europa nachhaltig Ruhm und Respekt. Heute erinnert ein Preis des Landes Hessen zur Förderung von Künstlerinnen an sie. Die 2007 gegründete einzige studentische Verbindung nur für Frauen in Frankfurt, die ADV Meriana, ist ebenfalls nach ihr benannt.

In diesem Hause lebte

Marie Luise von Kaschnitz

1941 - 1974

22 Die Spur der Dichterin
Gute und schlimme Zeiten

Westend, Wiesenau 8

Sie selbst war der Meinung, dass ihre Füße keine Spuren hinterlassen würden, so schreibt sie in ihren letzten Aufzeichnungen mit dem Titel „Orte". Eine Spur im Frankfurter Stadtbild hat Marie Luise Kaschnitz dennoch hinterlassen. An ihrem Wohnhaus in der Wiesenau erinnert eine schlichte Tafel daran, dass die Schriftstellerin dort von 1941 bis 1974 lebte. In dieser Zeit wurde sie für ihre Romane, Gedichte und Essays unter anderem mit dem bedeutendsten Literaturpreis des Landes, dem Georg-Büchner-Preis, ausgezeichnet.

„Ich glaube, man liebt die Städte, in denen man die schlimmen Zeiten erlebt hat, die ja in mancher Beziehung auch die guten waren", sagte sie einmal. Und die schlimmen Zeiten begannen schnell, nachdem die 40-Jährige mit ihrem Mann, dem Archäologen Guido Freiherr Kaschnitz von Weinberg, während des Zweiten Weltkriegs in die Stadt gezogen war, weil dieser eine Professur an der Universität erhalten hatte. Sie erlebten die Bombennächte. In einer davon irrte die Künstlerin auf der Suche nach ihrer kleinen Tochter Iris Constanze stundenlang durch die Straßen.

Ihre Art von Widerstand gegen den Naziterror war das Dichten. „Eine wissenschaftliche Erkenntnis, eine gelungene Verszeile, auch eine nie gedruckte, konnte nach meiner damaligen Auffassung die Welt verbessern, verändern, das war unsere Art von Widerstand", stellte sie fest. Auch ihre Texte, die nach 1945 entstanden, waren geprägt von den Kriegserfahrungen. Im Zyklus „Rückkehr nach Frankfurt" beschrieb sie ihre Empfindungen der durch den Krieg veränderten Stadt. Ein zweiter großer Einschnitt in ihrem Leben war der Tod ihres Mannes im September 1958. Sie zog auf das Familiengut in Bollschweil bei Freiburg, kehrte aber nach Frankfurt zurück.

23 EVA
Ein Ort für alle Frauen
Innenstadt, Saalgasse 15

Ein Ort für Frauen, die mitgestalten wollen. Ein Schutzraum, in dem sie sich ausprobieren können. Ein Platz, an dem sie alle willkommen sind, egal welcher Religion, Weltanschauung oder sexuellen Orientierung sie angehören – dafür stehen das Kürzel EVA und das evangelische Frauenbegegnungszentrum gleich hinterm Römerberg. Diese Einrichtung entstand, wie so viele, in den 1980er Jahren aus der Frauenbewegung heraus. Die evangelische Kirche wollte eine zentral gelegene Begegnungsstätte schaffen. Das Pfarramt für Frauenarbeit und der Verein „Frau im Beruf", der sich um alleinstehende berufstätige Mädchen kümmerte, schlossen sich dafür zusammen.

Viele der Frauen von damals kommen noch regelmäßig ins EVA. Heute können sie sich dort mit jungen Frauen austauschen, die vor allem die offenen Angebote schätzen, die sie spontan besuchen können. Seminare und Freizeitangebote, Gottesdienste in der Nikolaikirche und die Gestaltung des Tags der Frau am 8. März stehen auf dem Programm, an dem rund 60 Ehrenamtliche beteiligt sind. Hinzu kommen aktuelle Vorträge wie unlängst zum Thema Upcycling oder kirchliche Segnungen lesbischer Partnerschaften. Ein eigenes Frauenorchester spielt seit rund vier Jahren Klassisches und Modernes. Dabei ist jede Musikerin willkommen, egal wie gut sie spielt.

Rund 4.500 Teilnehmerinnen an mehr als 250 Veranstaltungen verzeichnet die Institution jährlich. Wer selber ein Projekt mit anderen Frauen plant, kann sich einen der schönen Räume mit Blick auf den Main günstig mieten. Der frühere Mädchentreff des Jugendzentrums am Frankfurter Berg ist mittlerweile ebenfalls Teil des EVA und setzt den Schwerpunkt auf Migrationsthemen.

Die Frau Rauscher
aus de Klappergaß
die hot e Beul am G...
Ob's vom Rauscher
ob's vom Alte kimm...
des klärt die Polize...

24 Frau Rauscher
Frankfurter Kulturgut
Sachsenhausen, Klappergasse 10

Das Verhältnis der Frau zum Apfel ist seit Adam und Evas Sünden-
fall angespannt. Das Verhältnis zum Apfelwein eher nicht. Zumindest im 19. Jahrhundert sprachen auch die Frauen dem Getränk
ordentlich zu. Wie sonst hätte ein übereifriger Polizist sich bei einer
auf der Straße liegenden Frau fragen können, ob die Beule, die sie
am Kopf hatte, von ihrem Mann oder von einem Sturz durch zu viel
Apfelweinkonsum stamme?

Diese Geschichte aus dem Polizeibericht einer Zeitung nahm der
Grafiker Eugen Strouhs im Jahr 1929 zum Anlass, ein humorvol-
les Gedicht zu verfassen. Daraus entstand das von Bert Häuser
vertonte bekannteste Frankfurter Ebbelwei-Lied, das zugleich auf
den Rauscher, den jungen, noch gärenden Apfelwein anspielt. Der
Refrain „Die Fraa Rauscher aus de Klappergass, die hot e Beul am
Ei, ob's vom Rauscher, ob's vom Alde kimmt, des klärt die Polizei",
ist Frankfurter Kulturgut. Seit 1961 hat die Fraa Rauscher in der
Gass' einen eigenen Brunnen, von dem aus sie in unregelmäßigen
Abständen aus dem Mund Wasser auf die Passanten spuckt. Die
feiernden Horden, die heute gerne in Alt-Sachsenhausen einfallen,
zeigen dennoch wenig Respekt vor der alten Dame und schmeißen
leider regelmäßig ihren Müll in den Brunnen.

Das nach der Fraa Rauscher benannte Apfelweinlokal direkt nebenan hat kürzlich wieder eröffnet. Es bietet den Ebbelwei, wenn
man der Karte glauben darf, sortenrein und vom Fass, aber auch
als Rosé mit schwarzem Johannisbeersaft an, für diejenigen, die
es gerne etwas lieblicher haben. In vielen traditionellen Apfelwein-
kneipen wird die Bestellung dieses „Frankfurter Longdrinks" noch
immer als Affront aufgefasst.

25 Frauenbuchladen
Im Kollektiv

Bockenheim, Kiesstraße 27

An diesem Frauenort lässt es sich nur noch in Erinnerungen schwelgen. Das Schild des früheren Frauenbuchladens in Bockenheim hängt weiterhin über der Tür. Jemand hat die Buchstaben „EX" darübergeklebt. Hinter der Tür hat sich das Café Albatros ausgebreitet. Dort, wo früher Frauen einen Ort für Frauen geschaffen hatten. Wo sich in den Regalen die feministische und antipatriarchale Literatur türmte, es Lesungen und Diskussionsabende gab.

1976, mitten in frauenbewegten Zeiten, war die langjährige Institution der Frankfurter Frauenszene als Kollektiv entstanden. Die Gründerinnen kamen von Organisationen wie der undogmatischen Linken, dem Weiberrat, dem Frauenzentrum oder den Spontis. Sie verstanden den Laden weniger als Geschäft, denn als Teil der feministischen Bewegung. Etwa ein Dutzend Frauen arbeiteten gleichberechtigt, ohne wirklich davon leben zu können. 1978 zerbrach das Kollektiv vor allem an der Frage, ob auch Männer im Laden bedient werden sollten. Anfang der 1980er Jahre wurden schließlich zwei feste Stellen geschaffen, die die Frauen im Rotationsprinzip besetzten. Ab 1998 fand sich niemand mehr, der neuen Schwung in den Laden bringen wollte.

Auch andere Institutionen der 1970er Jahre, wie die Stadtzeitung „Frankfurter Frauenblatt" und das Feministische Frauengesundheitszentrum, haben sich mittlerweile aufgelöst. Ist die frauenbewegte Zeit seit der Frauenquote, und seit sich auch Glamour-Stars wie Emma Watson und Angelina Jolie für Gleichberechtigung stark machen, vorbei? Das ließe sich diskutieren. Dass gut sortierte Buchhandlungen weiterhin Abteilungen mit feministischen Büchern führen, zeigt zumindest, dass es noch Informationsbedarf gibt.

26 Frankfurter Frauen-Club
Für den geselligen Verkehr
Innenstadt, Hochstraße 14

Frankfurter Geschäftsfrauen treffen sich heute in speziellen Business Clubs, im Zonta Club, dem International Women's Club oder bei den Soroptimists. Solche Vereinigungen haben in der Stadt eine lange Tradition. Schon 1908 gründeten Frauen um die Professorin Elisabeth Altmann-Gottheiner den Frankfurter Frauen-Club als Kommunikationsraum vor allem für Berufstätige, die sich zu dieser Zeit noch nicht alleine frei in der Öffentlichkeit bewegen konnten. Er wurde zugleich zum Zentrum der bürgerlichen Frauenbewegung.

Im zweiten Stock in der Hochstraße 14 zentral gelegen, verfügte der Verein über großzügige Räumlichkeiten. Ein Schreib- und Lesezimmer mit Bibliothek, zwei Wohn-, ein Teezimmer sowie ein Raum für die Hauswirtschafterin nebst Küche und Garderobe standen den Frauen täglich von zehn Uhr morgens bis zehn Uhr abends zur Verfügung: als Aufenthaltsort, für den „geselligen Verkehr", zum Mittagessen, zur Weiterbildung aber auch für Diskussionsveranstaltungen. Selbst Weihnachten und Silvester feierten alleinstehende Frauen dort gemeinsam. Der Club stellte anderen Frauenvereinen, die sich dem politischen Kampf, etwa um das Wahlrecht, widmeten, seine Räume zur Verfügung. Männer wurden allenfalls zu Kunstausstellungen hineingelassen.

Seine Blütezeit erlebte der Club vor dem Ersten Weltkrieg. In den 1920er Jahren musste er in Räume des Bürgervereins umziehen. Zum 25-jährigen Bestehen in 1933 feierte man bei der Künstlerinnenvereinigung Gedok in der Wiesenau 1. Damals gelang ein „ungeahnter Aufschwung auf den Grundlagen eines nationalgesinnten Deutschlands", wie in der „Frankfurter Hausfrau" zu lesen war. Eine Entwicklung, die die einstigen Gründerinnen sicher abgelehnt hätten.

27 Frauenfigur
Zu viel Nacktheit
Westend, Campus Westend

Sie heißen Die Schauende, Ruhende oder Die Sinnende. Der Frankfurter Bildhauer Fritz Klimsch, Sohn einer bekannten Künstlerfamilie, der 1898 mit Walter Leistikow und Max Liebermann die Berliner Secession gründete, spezialisierte sich auf Frauenakte. Seine Skulpturen sind sowohl im Städel, im Museum Giersch als auch im Palmengarten zu finden, wo die 1925 gegossene „Eva" mit dem Apfel in der Hand im historischen Eingangsschauhaus steht. Der frühere Reichsminister Joseph Goebbels soll sie einst gekauft haben. Klimsch zählte zu den beliebtesten Künstlern der Nationalsozialisten. In den Palmengarten gelang die 146 Zentimeter hohe Bronzefigur 1982 als Geschenk eines Privatmanns.

Die bekannteste der Klimsch-Damen in Frankfurt liegt wie hingegossen „Am Wasser", so der Titel, und blickt versonnen auf die Studenten des Campus Westend herab. Dort, zwischen I.G.-Farben-Hochhaus und dem Casino, wurde sie 1931 aufgestellt, gestiftet von Professor Erwin Selck, Vorstandsmitglied der IG-Farben AG.

14 Jahre lang lag sie an Ort und Stelle, bis sie den Park verlassen musste. Ob es tatsächlich Mamie Eisenhower war, die die Nackte von ihrem Sockel stieß, wie immer wieder gerne erzählt wird, ist nicht verbürgt. Die Gattin von General Dwight D. Eisenhower, dem damaligen Oberbefehlshaber der amerikanischen Besatzungstruppen in Deutschland, der sein Hauptquartier im I.G.-Farben-Haus hatte, soll Angst gehabt haben, dass so viel Nacktheit die Soldaten verwirren könnte. Gesichert ist zumindest, dass die Bronzefigur 1945 ins Exil musste und in den 1950er Jahren auf dem Gelände der Farbwerke Hoechst AG aufgestellt wurde. Erst im Jahre 2002 gelangte sie auf ihren alten Sockel zurück.

28 Frauenfriedenskirche
Steingewordenes Gebet
Bockenheim, Zeppelinallee 101

Eine katholische Kirche, von einer Frau initiiert, mit Frauenfiguren rund um den Altar und einer Königin des Friedens an der Fassade – das ist schon eine Besonderheit. Da wundert es nicht, dass die Frauenfriedenskirche jedes Jahr im Mai Ziel einer bundesweiten Wallfahrt der Mitglieder des Katholischen Deutschen Frauenbundes ist.

Seit der Entstehung des Gotteshauses in den 1920er Jahren war es ein Zentrum der katholischen Frauenbewegung. Eine ihrer Aktivistinnen, die damalige Vorsitzende des besagten Frauenbundes, Hedwig Dransfeld, hatte während des Ersten Weltkriegs die Idee zu dem Bau. Entsprechend sollte die Kirche ein steingewordenes Friedensgebet und eine Erinnerungsstätte für die Gefallenen sein. Frauen aus ganz Deutschland unterstützten damals ideell und finanziell den Bau. Doch das gesammelte Geld fiel 1923 der Inflation zum Opfer und musste erneut aufgebracht werden. Auch das gelang Hedwig Dransfeld. Ursprünglich wollte sie die Kirche in Marburg bauen, auf Wunsch des damaligen Bischofs entschied man sich aber für Frankfurt.

Der Architekt Hans Herkommer entwarf den Bau im Stil der Neuen Sachlichkeit. Am 5. Mai 1929 wurde er der „Mater dolorosa", also der Schmerzensmutter geweiht. Die Marien-Plastik am 20 Meter hohen Portal der Kirche, die auf Wunsch von Hedwig Dransfeld die Königin des Friedens darstellt, galt zu ihrer Zeit als die größte Mosaikplastik der Welt. Um den Altar herum sind 18 Frauenfiguren gruppiert wie Maria Magdalena und Veronika als Zeuginnen von Auferstehung und Passion, Märtyrerinnen wie Barbara und Agnes, die Universalgelehrte Hildegard von Bingen, die Wohltäterin Elisabeth von Thüringen und Mystikerinnen wie Katharina von Siena.

29 Frauen Musik Büro
Netzwerken
Bornheim, Roßdorfer Straße 24

Auf den ersten Blick scheinen Frauen in der Pop-Musik gut vertreten zu sein. Doch schaut man nicht nur an die Spitze der Charts, sondern auf die breitere Basis, dann sind sie nach wie vor unterrepräsentiert. Höchstens 15 Prozent der Profis sind weiblich. Was hilft am besten dagegen? Sich vernetzen und sich gegenseitig unterstützen. Das haben einige Musikerinnen beherzigt und das „Frauen Musik Büro" als Anlaufstelle für Musikerinnen von Jazz bis Rock ins Leben gerufen. Ursprünglich als Verein in Lüneburg gegründet, wurde zunächst das Frauen-Musik-Zentrum in Hamburg auf die Beine gestellt. 1990 zog der Verein nach Frankfurt um und eröffnete hier, zunächst in der Heidestraße, seit 1997 in der Roßdorfer Straße sein Büro.

Drei Frauen, die selbst zum Teil professionell Musik machen, veranstalten von dort aus mit viel Herzblut und kleinem finanziellen Polster Konzerte, fördern junge Musikerinnen etwa bei der Bandgründung und sorgen seit 1998 dafür, dass alljährlich die Hessische Frauen-Musik-Woche mit Workshops namhafter Profimusikerinnen stattfindet. Außerdem gibt das Büro Deutschlands bisher einziges Frauen-Musikjournal im Netz mit dem Titel „Melodiva Net Club" und für den Nachwuchs das Journal „Melodita" heraus. Darin werden Musikerinnen vorgestellt, Alben besprochen oder Konzert-Tipps gegeben. Integriert ist ein Verzeichnis von Musikerinnen und deren Bands – eine wichtige Möglichkeit für diese, sich zu präsentieren.

Das kleine Bornheimer Büro hat sich in der Branche einen Namen gemacht. Konzert-Veranstalter, Booking-Agenturen, Kulturämter, Plattenfirmen, aber auch Universitäten nutzen die Kenntnisse der Szene und das Netzwerk des dreiköpfigen Teams.

30 Frauenpforte
Türlein mit Geschichte

Innenstadt, Mainkai 51

„Hildegard Dey zog die Tür des Frauenhauses ‚Zum Rosengarten'
hinter sich zu und rümpfte die Nase. An diesem Oktoberabend roch
es hier an der Frauenpforte keineswegs nach Rosen. Das bracki-
ge Wasser des nahen Stadtgrabens, die Fäkalien, die in den Main
geleitet wurden, und die Fleischabfälle der nahen Gerbereien ver-
strömten einen penetranten Kloakengeruch." So beginnt Ursula
Neebs historischer Roman „Das Geheimnis der Totenmagd", der im
Frankfurt des Jahres 1509 spielt. Die Frauenpforte existiert noch
heute, auch wenn sie ein wenig in Vergessenheit geraten ist. In Ver-
längerung der Seckbächer Gasse führte sie als spätgotische, 1456
erbaute Schlupfpforte durch die ehemalige Stadtbefestigung. Heute ist ein unscheinbarer Torbogen übrig, der von Graffiti bedeckt,
Durchlass zum Untermainkai bietet.

Seinen Namen erhielt das „Frauenpförtchen" oder „Frauenthür-
lein" tatsächlich von dem damals in der Nachbarschaft angesie-
delten Frauenhaus, so stellte zumindest Johann Georg Battonn
im 18. Jahrhundert fest. Das schon 1350 existierende öffentliche
Frauenhaus war die spätmittelalterliche Form des Bordells, in dem
die Frauenhausordnung festlegte, dass eine sogenannte „gemeine
Tochter" allgemein zugänglich sein musste und eine gewisse Men-
ge an Kunden pro Tag zu bedienen hatte. Aber auch Regelungen für
den Krankheitsfall und die Ernährung waren darin festgelegt.

Möglich ist allerdings auch, dass die Frauenpforte nach dem nahegelegenen Kloster der „Reuerinnen" benannt wurde, die man nach
ihrem weißen Gewand als Weißfrauen bezeichnete. Sie waren Prostituierte gewesen, die zur Buße bereit, nur unweit der mittelalterlichen Frauenhäuser das Kloster gegründet hatten.

31 Frauenreferat
Für die Chancengleichheit
Innenstadt, Hasengasse 4

Frankfurt steht frauenpolitisch im bundesweiten Vergleich gut da, wenn auch die Zeiten, in denen die drei höchsten Ämter des Oberbürgermeisters, Bürgermeisters und Stadtverordnetenvorstehers weiblich besetzt waren, vorbei sind. Bislang saßen knapp 40 Prozent Frauen in der Stadtverordnetenversammlung, im Magistrat 36 Prozent, und es gibt mehr als 40 Prozent weibliche Amtsleitungen. Ein besonderes Auge auf solche Zahlen hat das Frauenreferat, das mit 11 Stellen (darunter auch Männer) besetzt ist. Es ist Berater für Ämter und Dezernate in Gender-Fragen, organisiert Veranstaltungen, fördert Projekte und setzt sich für Chancengleichheit ein.

Das Armutsrisiko von Frauen, Arbeit, Bildung, aber auch Gewalt gegen sie sind Themen, mit denen sich das Frauenreferat heute beschäftigt. Schwerpunkte sind aus aktuellem Anlass die Themen Sexismus und geflüchtete Frauen. Dass viel zu tun bleibt, zeigen die Zahlen einer Studie des Referats, nach denen Frankfurterinnen immer noch weniger verdienen als Männer. In der höchsten Einkommensgruppe finden sich nur noch 32,6 Prozent von ihnen.

1989, als das Referat mit der Bildung des rot-grünen Magistrats gegründet wurde, galten Frauenpolitikerinnen noch als Emanzen. Die erste Frauendezernentin, Margarethe Nimsch (Grüne), übernahm das Amt in Personalunion mit dem Gesundheitsdezernat. Die Arbeit sei zäh gewesen und der Druck groß, erinnerte sie sich zum 25-jährigen Bestehen. Auf der einen Seite standen hohe Erwartungen, auf der anderen Unverständnis. In den 1990er Jahren erregte das Referat Aufsehen durch Aktionen wie „Frauen nehmen sich die Stadt". Seit 1992 vergibt die Stadt den Tony-Sender-Preis an Frauen, die sich für Gleichberechtigung einsetzen.

32 Frauenschule
Feminismus-Debatte und Yoga
Gallusviertel, Hohenstaufenstraße 8

Sie war eine Institution und ein Projekt der autonomen Frauenbewegung. Im dritten Stock eines ehemaligen Fabrikgebäudes in der Hohenstaufenstraße befand sich bis Ende 2013 die Frankfurter Frauenschule. Gegründet vor rund 35 Jahren von mehreren Frauen aus dem ehemaligen Bockenheimer Frauenzentrum, sollte sie ein Ort der Begegnung, aber auch des gesellschaftspolitischen Diskurses sein. Die Betreiberinnen vertraten den sogenannten „Differenz-Feminismus", der sich nicht mit der Gleichstellung der Frau zufriedengeben will, weil dann der Mann das Maß aller Dinge bleibe. Frauen sollten sich selbst entdecken, ihre Stärken und Schwächen erkunden. Damit waren auch Frauen außerhalb der politischen Szene angesprochen.

Neben Veranstaltungsräumen für Diskussionen, Vorträge und die vielen Angebote für Bildungsurlaub, die ein Schwerpunkt der Frauenschule waren, bot die Farbiketage einen großen Saal mit Parkett und Klavier, eine Galerie, eine Präsenzbibliothek und ein Café. Die Räume wurden auch vermietet, etwa zuletzt an eine Veranstalterin, die sonntags zum „Doggy Day" einlud, bei dem Hundebesitzerinnen mit ihren Tieren tanzen konnten.

Doch die kontroversen Strategiediskussionen der ersten Jahre waren lange vorbei, die aktuellen Geschlechter-Diskurse übernahm das Cornelia Goethe Centrum. Auch für die übrigen Kurse – von Yoga über Stressbewältigung bis zum Training für mehr Selbstbewusstsein – gibt es mittlerweile zahlreiche Träger, die Ähnliches anbieten. Der Grund für die eher abrupte Schließung der Bildungseinrichtung war allerdings, dass der Trägerverein auch nach langer Suche keine Nachfolge für die Leitung fand.

33 Frauenstein
Haus der Patrizier
Innenstadt, Römerberg 25

Wohl die wenigsten Frankfurter wissen heute noch, dass ein Teil des Rathauses Römer den Namen Frauenstein trägt. Es handelt sich um das zweite Gebäude der Römerzeile, links neben dem Salzhaus, das an der Ecke zur Braubachstraße steht. Das historische Haus Frauenstein mit seiner reich bemalten Fassade wurde im März 1944 bei einem Bombenangriff zerstört. Die Häuserfront ist im Stil der 1950er Jahre wieder aufgebaut. Der spätgotische Keller von 1484 und das steinerne Erdgeschoss aus der Zeit des Barock um 1760 sind noch erhalten. Erste Erwähnungen des Hauses finden sich schon um 1350. Kurz danach gründete sich eine Gesellschaft einflussreicher Patrizierfamilien, die sich zunächst im Salzhaus traf, bis sie 1423 ins Haus Frauenstein umzog und sich fortan „Zum Frauenstein" nannte.

Woher das Haus selbst seinen Namen hat, ist nicht bekannt. Nur so viel: Im 19. Jahrhundert mutmaßte ein Autor, der Name stamme von den Franken, die jenen Teil ihrer Pfalzen, in denen die Frauen lebten, Frauenstein genannt hätten. Es könnte aber auch eine Verbindung zum Ort Frauenstein bei Wiesbaden geben. Die dort auf der Burg Vrowinstein einst residierende Ritterfamilie soll ihr Frankfurter Absteigequartier in dem Haus gehabt haben.

Die Frauensteiner waren übrigens keine reine Männergesellschaft. Auch die Ehefrauen wurden aufgenommen, hatten aber kein Stimmrecht. Schon im 16. Jahrhundert hatte die Gesellschaft großen Einfluss im Rat der Stadt, 1562, bei der Wahl des Kaisers Maximilian, fand sogar die Ratssitzung im Haus Frauenstein statt. Die Gesellschaft existiert bis heute und verwaltet vor allem eine Stiftung. Nach ihr sind der Frauensteinplatz und die Frauensteinstraße im Nordend benannt.

42

Liesel Christ

In diesem Haus kam Liesel Christ (1919 – 1996), Kind einer Arbeiterfamilie aus dem Nordend, zur Welt. Mit sechs Jahren stand sie als Ballettschülerin an der Oper im Märchenspiel „Peterchens Mondfahrt" auf der Bühne. In zahlreichen Kinderrollen wurde „die klaa Christ" an Frankfurter Theatern gefeiert.

Die Rolle ihres Lebens spielte sie in der bundesweit populären Familienserie „Die Firma Hesselbach" (1960 – 1967). Die praktische Vernunft der „Mama Hesselbach", gepaart mit Herzenswärme und Eigensinn, begründeten ihren Ruf als Volksschauspielerin und ließen sie zu einem der ersten Serienstars des deutschen Fernsehens werden.

1971 gründete Liesel Christ das Volkstheater Frankfurt, das bald Heimstätte hessischer Mundart wurde. Hier setzte die engagierte Theaterleiterin neben Volksstücken auch Weltliteratur auf den Spielplan – in regionalem Idiom. Mit Gastspielen im Raum Hessen und in Israel war das Volkstheater Frankfurt liebenswerter Botschafter seiner Stadt.

34 Geburtshaus der Mamma
Frankfurts erster Serienstar

Nordend, Koselstraße 42

„Kall, mei Drobbe!" - diese Redewendung ist sogar Nichthessen ein Begriff. Heute prangt sie auf Pillendöschen und Frühstücksbrettchen. Die älteren Frankfurter kennen sie aus der Serie „Familie Hesselbach" und verbinden sie seit jeher mit der „Mamma" Liesel Christ.

Die Fernsehserie mit 51 Folgen, die in den 1960er Jahren den Deutschen den Spiegel vorhielt, machte die Frankfurterin zur „Mutter der Nation". Eine Wahrsagerin hatte ihr viele Jahre zuvor prophezeit, dass sie mit 40 Jahren berühmt werden würde. Geboren wurde Christ am 6. April 1919 als Nesthäkchen einer Arbeiterfamilie im ersten Stock des Hauses in der Koselstraße. Seit Kurzem erinnert dort eine Gedenktafel daran.

Schon als Kind stand sie auf der Bühne. Als 14-Jährige und damit jüngste Schülerin besuchte sie ab 1933 die Hochschule für Musik und Theater in Frankfurt und trat dann an verschiedenen Bühnen des Landes auf. Auch nach den Hesselbachs, die sie zu einem der ersten deutschen Serienstars machten, spielte sie weiter Theater. 1971 erfüllte sie sich den Herzenswunsch, ein eigenes Haus zu gründen. Im Frankfurter Volkstheater, das sie bis zu ihrem Tod leitete, übernahm sie zahlreiche Hauptrollen. Dort spielten bekannte Darsteller wie Heinz Schenk, später Ralf Bauer und sogar Helene Fischer.

Den Ausspruch „Kall, mei Drobbe" hat Liesel Christ so in der Hesselbach-Serie nie gesagt. Er stammt aus der früheren Radioversion, in der Lia Wöhr die „Mamma" spielte. Dass die Serie zum Kult wurde und die hessische Mundart weit vor Badesalz & Co. über die Grenzen des Bundeslandes hinaus bekannt gemacht hat, ist dennoch dem Autor Wolf Schmidt und Liesel Christ zu verdanken.

35 Gerbermühle
Wo Goethes Muse wohnte
Oberrad, Gerbermühlstraße 105

Am 15. September 1814 traf Johann Wolfgang Goethe, nach langer Zeit wieder in der Heimat zu Besuch, in der Gerbermühle ein, dem Landsitz des befreundeten Bankiers Johann Jakob Willemer. Das am Main gelegene Haus wirkte mit seinem steilen Walmdach und Fensterbrüstungen aus rotem Sandstein, das versteckt zwischen alten Bäumen stand, wie eine verwunschene Idylle. Doch viel verlockender erschien dem 65-jährigen Dichter die junge Marianne, damals noch Pflegekind Willemers, das dieser kaum sechzehnjährig der Mutter, einer älteren Schauspielerin, buchstäblich abgekauft hatte und sie dann zu seiner Geliebten und später zu seiner Frau machte. Die 29-Jährige schwärmte ebenfalls für Goethe: Er sei ihr erschienen wie Sonne und Mond zugleich.

Mit Marianne stieg der Dichter den Mühlberg hinauf zum Willemer-Häuschen im heutigen Hühnerweg, einem Türmchen, das der Bankier der Aussicht wegen dort erbaut hatte und das heute rekonstruiert ist. Zum Jahrestag des Sieges über Napoleon brannten überall Freudenfeuer, die Goethe und Marianne von dort aus sahen.

Immer wieder kehrte der Dichter ins Hause Willemer zurück, feierte im Gartenhaus sogar seinen 66. Geburtstag und traf Marianne auch alleine. Sie war als Kind im Theater aufgetreten, sie war selbstbewusst, temperamentvoll und witzig. Auch künstlerisch war sie sein „süßer, lieber Widerpart", denn als einzige seiner Frauen schrieb sie ihm in seiner poetischen Sprache. Damit wurde sie für seinen „West-östlichen Divan", für den viele Gedichte in Frankfurt entstanden, zur Muse und Partnerin. Einige ihrer Verse, die zu den schönsten des Bandes zählen, nahm er in den Zyklus auf, allerdings ohne sie als Autorin zu nennen.

36 Gerechtigkeitsbrunnen
Göttin auf dem Römerberg

Innenstadt, Römerberg

Sie ist die meistfotografierte Frau auf Frankfurter Hochzeitsbildern. So gut wie jedes Paar lässt sich nach dem Besuch des Standesamtes im Römer vor dem ältesten Frankfurter Springbrunnen, dem in seiner jetzigen Form aus dem Jahr 1611 stammenden Gerechtigkeitsbrunnen verewigen: im Hintergrund die bronzene Göttin Justitia. Ein nicht unpassendes Bild, schließlich sollte es in einer Partnerschaft gleichberechtigt zugehen.

Warum aber wird die Gerechtigkeit nahezu zu allen historischen Zeiten mit dem Weiblichen verbunden? Weil sie eng mit dem Ideal der Mütterlichkeit verknüpft ist, sagen Wissenschaftler. Und damit mit dem Bemühen um Versöhnung, Vermittlung, Schlichtung, aber auch mit der Macht zur Trennung von Gut und Böse. Der Mensch neigt nun mal zum Schubladendenken.

Anders als in den meisten Darstellungen der Justitia, sind der Göttin auf dem Römerberg die Augen nicht verbunden. Sie schaut in Richtung Rathaus, in dem die Ratsherren im Mittelalter auch als Vertreter des Schöffen- und Strafgerichtes tätig waren. Der nach langer weiblicher Herrschaft im Römer nun wieder ausnahmslos männlichen Stadtspitze kann der mahnende Blick der Dame sicher auch nicht schaden. Dass sie auf einer Säule steht, auf der die vier Tugenden, die Gerechtigkeit, die Hoffnung, die Mäßigung und - wiederum zum Römer hin - die Liebe dargestellt sind, auch das dürfen sich die Rathaus-Mitarbeiter gerne vor Augen führen. Und dann mögen sie noch daran erinnert sein, dass bei den Kaiserkrönungen für die Bürger einst Wein aus den Rohren floss. Beim Frankfurter Straßenkarneval 1862 angeblich sogar Ebbelwei.

37 Grie-Soß-Stand
Viel Herz und große Klappe
Bahnhofsviertel, Kaisermarkt

Jeden Dienstag und Donnerstag stehen die Frankfurter Schlange vor ihrem „Bombi", einem Kleinbus, der Küche, Kühlraum und Verkaufsstand in einem ist. Bei Gisela Paul gibt es an den zwei Tagen auf dem Markt im Bahnhofsviertel nicht nur hausgemachte Grüne Soße mit Kartoffeln und Ei. Einen liebevoll-flapsigen Spruch serviert die Chefin kostenlos dazu. Bis zu 100 Teller gehen an einem schönen Tag dabei über den Ladentisch, an die Mitarbeiter aus den Banken ebenso wie an die aus dem Bahnhofsviertel. Mit allen redet Gisela Paul auf Augenhöhe.

Sie war die erste Marktbeschickerin, die vor gut 15 Jahren den Markt im Kaisersack mitbegründete. Damals war auch noch ihre Hymne auf die „Grie Soß" zu hören, die die „singende Marktfrau" zum Original machte. Die Musik gibt es heute nur noch auf CD, denn das Singen hat Gisela Paul aufgegeben. Dabei hat sie einst Operngesang studiert. Vorher noch machte sie als eine der ersten Frauen an der Frankfurter Industrie- und Handelskammer ihren Abschluss als Bürokauffrau und arbeitete sieben Jahre lang für die Dresdner Bank. Später kam ein Job im Arbeitsamt dazu, dann baute sie den Vertrieb für eine Kosmetikmarke auf und führte dabei eine ganze Riege von selbstständig tätigen Frauen. Auch eine Kneipe hat sie schon betrieben. Vormachen kann man der Frankfurterin, die in ein paar Jahren 70 wird, nichts.

Zum Markt auf der Kaiserstraße gehört sie wie Äpfel und Salat. Selbst wenn der größte Andrang vorbei ist, bleiben Leute bei ihr stehen, halten ein Schwätzchen, holen sich Rat oder schimpfen mit ihr gemeinsam auf die kleinen Bausünden ihrer geliebten Heimatstadt. Freitags verkauft sie ihre „Grie Soß" übrigens auf dem Schillermarkt.

38 Hinterhaus am Zoo
Die Pionierin des Fallschirms
Bornheim, Waldschmidtstraße 58

Nur fünf Jahre lang lebte Kätchen Paulus im Hinterhaus an dieser Adresse, die heute zum Zoo gehört. Doch es waren die wohl prägendsten ihres Lebens. 1890, im Jahr ihres Einzugs, verliebte sich die 21-Jährige in den Ballonfahrer und Fallschirmspringer Hermann Lattemann, den sie zuvor bewundert hatte, wenn er im nahe gelegenen Zoo seine Künste vorführte. Sie bekam ein uneheliches Kind von ihm. Zugleich unterstützte sie ihn als gelernte Näherin beim Ausbessern und bald bei der Herstellung von Ballonen und Fallschirmen. Ihr Traum war es, selbst in die Lüfte aufzusteigen. Nach drei Jahren Training durfte sie am 19. Juli 1893 in Nürnberg zum ersten Mal im Ballon mitfahren. Nur vier Tage später wagte sie den Absprung mit dem Fallschirm aus 1.200 Metern Höhe – als erste Frau.

Doch nach nur knapp einem Jahr der gemeinsamen Arbeit, kurz bevor sie heiraten wollten, stürzte Lattemann vor ihren Augen ab und starb. Kätchen Paulus erlitt einen Schock und wollte nie wieder Ballon fahren. Wagenladungen von Briefen aus ganz Europa ermutigten sie, es doch zu tun. Sie machte sich daraufhin als erste Berufsluftschifferin selbstständig. Dabei verstand sie es hervorragend, ihre Auftritte europaweit zu vermarkten. 1899 machte sie Werbung für die Adlerwerke, indem sie an ihren Ballon statt der Gondel ein Fahrrad anbrachte und damit aufstieg.

Sie entwickelte außerdem den bis heute üblichen Paketfallschirm, für den sie ein Schweizer Patent erhielt. Ab 1915 arbeitete sie für das Militär. Ihrem Rettungsfallschirm verdankten viele Soldaten ihr Leben, so dass Kätchen Paulus mit hohen Kriegsorden ausgezeichnet wurde. Sie starb im Alter von 66 Jahren an Krebs. Am Rebstockgelände ist eine Straße nach ihr benannt.

39 Hort der Kindheit
Die Wurzeln der Dr. Ruth

Nordend, Brahmsstraße 8

Sie ist ein kleines Persönchen, aber eine große Persönlichkeit. Jedes Jahr kommt Ruth Westheimer zur Buchmesse nach Frankfurt und beeindruckt mit ihrer Präsenz und Lebendigkeit auch mit weit über 80 Jahren. Dr. Ruth, wie sie in ihrer Wahlheimat, den USA, genannt wird, ist wohl die berühmteste Sexualtherapeutin der Welt. Aufgewachsen ist Karola Ruth Siegel, so ihr Mädchenname, im Frankfurter Nordend, nahe dem Marienhospital. Den hessischen Einschlag in ihrer Sprache hat sie bis heute nicht verloren.

Sie besuchte die jüdisch-orthodoxe Samson-Raphael-Hirsch-Schule am Zoo, dort, wo sich heute das Heinrich-von-Gagern-Gymnasium befindet. Ihre Eltern, die streng orthodox lebten, wollten nicht, dass sie auf das näher gelegene Philanthropin ging. Ruth Westheimer erinnert sich an eine wunderbare Kindheit mit einer Großmutter, die sich nur um sie kümmerte. Das habe sie stark gemacht für alles, was sie später erleben sollte. Manchmal hört sie sie heute noch, die Geräusche der schweren Stiefel, als die Nationalsozialisten ihren Vater abholten. Ihre Großmutter habe ihnen damals noch Geld gegeben, damit sie gut auf ihn aufpassten.

Mit zehn Jahren wurde sie in die Schweiz geschickt. Noch heute macht sie einen Bogen um den Hauptbahnhof, wo sie ihre Mutter und Großmutter zum letzten Mal sah. Ihre Familie wurde ermordet, sie wanderte nach Palästina aus, schloss sich der Haganah, der zionistischen paramilitärischen Untergrundorganisation an und wurde Scharfschützin. 1951 ging sie nach Paris und später in die USA, wo sie seit den 1980er Jahren im Radio und Fernsehen über Sex redet. Zur Buchmesse präsentiert sie fast immer ein neues Werk. 37 sind es bereits, die meisten zum Thema Sex und Erotik.

40 Ich-Denkmal
Ein Sockel für die Frau
Oberrad, Mainufer zwischen Gerbermühle und Rudererdorf

Sich gerne aufs Podest heben zu lassen, gehört eher nicht zu den typisch weiblichen Eigenschaften. Deshalb sollte das Ich-Denkmal in Oberrad ein „must see" der Frankfurter Frauenorte sein. Dort kann Frau etwas fürs Selbstbewusstsein tun und den Sockel aus eigenem Antrieb erklimmen. So wie Scharen von Spaziergängern es tun, seit der Satiriker der Neuen Frankfurter Schule, Hans Traxler, das Kunstwerk 2005 erschuf. Seitdem steht am Wegesrand der Mainuferanlage ein roter Sandsteinsockel mit einem goldenen „Ich" an der Vorderseite und drei Stufen am hinteren Ende, über die jeder auf das gut ein Meter hohe Podest steigen und für einen Augenblick zum Monument werden kann.

„Jeder Mensch ist einzigartig", stellte der Mitbegründer der Satiremagazine „pardon" und „Titanic" dem Werk als Motto an die Seite. Seitdem liefern Spaziergänger, die ihren übergewichtigen Pudel, ihre Lieblingsstoffeule oder sogar die frisch angetraute Braut, mit der der Bräutigam eben noch in der Gerbermühle feierte, auf dem Sockel fotografieren, die realsatirische Kulisse zur komischen Kunst.

Bei allem Humor ist so ein Denkmal, wie das Wort schon sagt, immer auch eine Aufforderung. Es kann dazu motivieren, die eigene Haltung zu überdenken. Nicht nur die körperliche bei der Selbstinszenierung auf dem Sockel. Wer im doppelten Sinne schwindelfrei ist, ist dabei klar im Vorteil.

41 Inside Her
Erotik in der City
Innenstadt, Stiftstraße 32

Vor dem Schaufenster in der Stiftstraße bleiben gerne Männer stehen. Erotische Dessous und durchsichtige Spitzenkleider locken in der Auslage. Auch viele Paare besuchen das Erotik- und Dessousgeschäft, um gemeinsam dort einzukaufen. Das „Inside Her" ist aber vor allem ein Frauenort. Einer, in dem diese sich Wünsche erfüllen können, etwa den, sich in edler Wäsche schön zu fühlen oder jenen, mehr Pep ins Schlafzimmer zu bringen, egal, ob mit Mann oder ohne. Und es ist ein geschützter Raum. Seit 20 Jahren berät Sandra Maravolo ihre Kundinnen, empfiehlt ihnen die richtigen Produkte und gibt auch Tipps zu den Wechseljahren oder macht Sexualberatung. Berührungsängste kennt die frühere Werberin nicht, die sogar ein Buch darüber geschrieben hat, „was Frauen richtig antörnt".

Als Sandra Maravolo das Geschäft 1995 eröffnete, schob man sie in die Schmuddelecke. Erst die Fernsehserie „Sex and the City" machte ab 2001 die weibliche Lust gesellschaftsfähig. Seitdem kaufen ihre Kundinnen Perlen-Stringtangas und Rabbit-Vibratoren. Die Fifty-Shades-of-Grey-Romane ließen kürzlich auch SM-Spielarten salonfähig werden, so dass in der Auslage nun vermehrt Augenbinden und Fesseln liegen.

Ihre Kundinnen sind durchaus nicht nur junge Frauen, von 20 bis 60 Jahren reicht die Bandbreite. Einige bringen ihre Töchter mit, damit diese ihren ersten BH bekommen, erzählt die Chefin und ist froh über die Treue ihrer Kundschaft. Denn viele Jahre lang führte sie ihren Laden wenige hundert Meter weiter in der Stiftstraße. Probleme mit dem Vermieter und eine spontane Expansion brachten sie 2015 in die Insolvenz. Heute ist sie im kleineren Laden mit konzentrierterem Angebot zurück, und die Atmosphäre ist noch intimer.

42 Jüdisches Museum
Anne Frank und ihre Wurzeln
Innenstadt, Untermainkai 14/15

Ihr Tagebuch machte Anne Frank unsterblich. Ihr Schicksal hat der Ermordung von mehr als einer halben Million jüdischer Kinder und Jugendlicher durch die Nationalsozialisten ein Gesicht gegeben und ist kürzlich erneut verfilmt worden. Frankfurt erinnert an vielen Stellen an das berühmte Mädchen der Stadt. Demnächst können auch ihre Wurzeln und die Geschichte der Familie Frank, die exemplarisch für das jüdische Leben am Main steht, erheblich umfangreicher erforscht werden.

Zu verdanken haben wir das ihrem Cousin, dem 2015 verstorbenen Schauspieler Buddy Elias. Der Frankfurter und der Anne Frank Fonds Basel entschieden sich 2012, Möbel, Gemälde, Fotografien, Erinnerungsstücke und Briefe aus dem Nachlass beider Familien dem Jüdischen Museum Frankfurt als Dauerleihgabe zu übergeben. Dafür werden im Neubau des Museums eigene Räumlichkeiten geschaffen.

Die Ahnen der Familie Frank lassen sich bis ins 16. Jahrhundert in Frankfurt zurückverfolgen. Auch Anne Franks Großmutter lebte hier. Annes Eltern Edith und Otto Frank wohnten ab 1925, frisch verheiratet, fast zwei Jahre lang bei ihr in der heutigen Dantestraße, wo auch Annes Schwester Margot geboren wurde. Dann zogen sie in eine geräumige Doppelhaushälfte im Marbachweg 307, wo Annelies Marie, die am 12. Juni 1929 zur Welt kam, zunächst aufwuchs. Als Anne zwei Jahre alt war, zog die Familie ins Erdgeschoss des Hauses in der Ganghofer Straße 24, an dem heute eine Gedenktafel an sie erinnert. 1934 musste Anne mit ihrer Familie nach Amsterdam emigrieren, wo sie sich zwei Jahre lang versteckte, bevor sie verraten wurde und im KZ Bergen-Belsen starb.

43 Jumpp – Frauenbetriebe
Hilfe zur Selbstständigkeit

Bockenheim, Hamburger Allee 96

Frankfurt ist eine der Gründerstädte des Landes, wie die Politik seit Jahren gerne betont. Auch viele Frauen machen sich hier selbstständig. Unterstützung bekommen sie schon seit 1984 von den Frauenbetrieben. Diese entstanden also zu einer Zeit, als noch niemand das Potenzial von Unternehmerinnen sah. Der Verein leistete echte Pionierarbeit. In einem ehemaligen Fabrikgebäude in Bockenheim entstand das erste Gründerinnenzentrum im Rhein-Main-Gebiet und eines der ersten bundesweit. Es beherbergte Metall- und Holzwerkstätten, eine Gewerbeküche und Kinderbetreuung. Als Übungsprojekt wurde ein Laden auf der Leipziger Straße eingerichtet, der heute eigenständig ist.

Mehr als 12.000 Gründungen hat der Verein in den vergangenen 30 Jahren begleitet, Frauen gefördert und durch Beratung, Trainings, Workshops und Netzwerke für die Geschäftswelt fit gemacht. Seit 2010 firmiert er unter dem neutraleren Namen „Jumpp", weil seit einigen Jahren auch Männer beraten werden.

Die meisten Frauen verfügen mittlerweile über das Selbstbewusstsein, sich als wichtigen Teil der Geschäftswelt zu verstehen. Vor 30 Jahren sei das noch anders gewesen, erinnert die Geschäftsführerin Christiane Stamm-Osterod. Damals hätten sich die Teilnehmerinnen der Kurse noch gefragt, ob sie überhaupt Geld für ihre Arbeit verlangen könnten. Mittlerweile bietet „Jumpp" neben den Kursen für Gründerinnen unter anderem Programme für Wiedereinsteigerinnen, zur Unternehmensnachfolge, für Selbstständige und Migrantinnen an. Seit Januar 2015 läuft das bundesweit einmalige Mentoring-Projekt „Migrantinnen gründen", das vom Bundesfamilienministerium gefördert wird.

44 Justizvollzugsanstalt III
Frauen hinter Gittern

Preungesheim, Obere Kreuzäckerstraße 4

Dies ist ein Ort, an dem sich Frauen eher nicht freiwillig aufhalten. Rund 230 von ihnen leben mal länger, mal kürzer, gezwungenermaßen im Frankfurter Frauengefängnis, einem der größten in Deutschland. Seit 1888 gibt es die neue Strafanstalt, nachdem das alte städtische Gefängnis auf dem Klapperfeld veraltet war. Damals waren zunächst 85 Plätze für weibliche Gefangene vorgesehen. Während der NS-Zeit wurde der Ort als Hinrichtungsstätte für Widerstandskämpfer und zum Tode Verurteilte aus ganz Hessen genutzt. An die mehr als 500 dort Ermordeten erinnert heute ein Mahnmal.

Seit 1955 dient einer der Komplexe als zentrale Straf- und Untersuchungshaftanstalt für Frauen in Hessen. Einige bekannte waren darunter, wie die RAF-Terroristinnen Gudrun Ensslin und Birgit Hogefeld. Letztere saß bis Juni 2011 dort ein, die letzten zwei Jahre im offenen Vollzug. Über Ensslin, die nach der Frankfurter Kaufhaus-Brandstiftung 1969 mehr als ein Jahr lang dort in Untersuchungshaft festgehalten wurde, berichtete die damalige Leiterin Helga Einsele, dass sie enorm viel gelesen habe. Einmal in der Woche durfte sie mit anderen Insassinnen in einem politisch-literarischen Arbeitskreis diskutieren. Andreas Baader, selbst in Kassel inhaftiert, konnte sie mehrmals besuchen. Die Geschichte, beide hätten sogar in einer Zelle übernachtet, ist aber unbewiesen.

Die linke Sozialdemokratin und Justizreformerin Einsele war es auch, die sich für einen humaneren Strafvollzug stark machte und Mitte der 1970er Jahre in Frankfurt das erste Mutter-Kind-Haus in einem deutschen Gefängnis einrichtete. Dort können bis heute junge Mütter im offenen und im geschlossenen Vollzug zusammen mit ihren noch nicht schulpflichtigen Kindern leben.

45 Kasperl-Theater
Die Puppenmutter

Nordend, Oeder Weg 155

Im ersten Stock dieses Hauses lag für Kinder das Paradies. Liesel Simon, die Frau des Kaufmanns Paul Simon und Mutter zweier Söhne, hatte dort Ende der 1910er Jahre eine Puppenbühne eingerichtet. Liebevoll bastelte sie dafür Kaspar & Co. aus Pappmaché, bemalte ihre Gesichter und nähte ihnen kleine Lederschuhe. Auch die Stücke schrieb sie nach und nach selbst. Ab Sommer 1921 ging sie mit „Liesel Simon's Kasperl-Theater" auf Tournee durch das Rhein-Main-Gebiet und bis ins benachbarte Ausland. Im Gepäck hatte sie drei zerlegbare Puppenbühnen mit elektrischer Beleuchtung.

Ihr Händchen für Kinder bewies Liesel Simon auch als eine der ersten Mitarbeiterinnen des Südwestdeutschen Rundfunks in Frankfurt. Sie leitete den Kinderfunk und die Kinderstunde. An jedem ersten Sonntag im Monat unterhielt dort ab 1927 der „Rundfunkkasperl" die kleinen Zuhörer. Viele der Kasperl-Geschichten stammten von ihr. Sie verfasste zudem Weihnachtsmärchen oder bearbeitete Grimm'sche Märchen für die Puppenbühne.

Als die Nationalsozialisten an die Macht gelangten, durfte die Puppenspielerin nur noch im Rahmen des Jüdischen Kulturbundes auftreten. Sehr spät, im Juli 1941, gelang es Liesel Simon auszuwandern. Sie ging zu ihrem Sohn Hans nach Ecuador, wo sie 1958 starb. Ihren nach Frankreich geflüchteten und 1942 nach Auschwitz deportierten Mann sah sie nie wieder. Einige Dutzend Puppen und Manuskripte konnte sie nach Südamerika mitnehmen. Den Recherchen der Frankfurter Historikerin Hannah Eckhardt ist es zu verdanken, dass kürzlich 13 Handpuppen nach Frankfurt zurückkehrten. Sie hatte die Enkelin Simons ausfindig gemacht, die die Puppen dem Historischen Museum übergab.

46 Katharinenturm
Gretchens Vorbild

Innenstadt, Katharinenpforte

So friedlich die kleine Straße an der Katharinenkirche heute wirkt, erinnert sie doch an einen der tragischen Frankfurter Kriminalfälle. Der etwas südlich der Kirche gelegene Katharinenturm in der Stadtmauer beherbergte früher das Gefängnis, in dem auch die junge Dienstmagd Susanna Margaretha Brandt ihre letzten Stunden verbrachte. Kurz vor Weihnachten 1770 war das Mädchen, das weder lesen noch schreiben konnte, von einem jungen Holländer verführt und geschwängert worden. Heimlich brachte es im August 1771 einen Jungen zur Welt, den es getötet haben soll. Die Schere, mit der das Kind maltretiert wurde, wird ebenso wie die Gerichtsakte bis heute im Institut für Stadtgeschichte aufbewahrt, wie übrigens auch Messer von weiteren Morden.

Ihre Schwester zeigte „die Brandtin" an. Nach kurzer Flucht wurde sie festgenommen. Im Strafverfahren, das auch der damals als junger Rechtsanwalt tätige Johann Wolfgang Goethe verfolgte, verurteilte man sie im Oktober zum Tode. Am 14. Januar 1772 wurde ihr auf dem Schafott an der Hauptwache mit dem Schwert „durch einen Streich der Kopf glücklich abgesetzt".

Goethe, der viele Prozessbeteiligte kannte und sich sogar eine Abschrift der Akten anfertigen ließ, beeindruckte der Fall sehr. Er setzte der Magd in der Figur des Gretchens im Urfaust und später in Faust I ein Denkmal. Die Szene im Kerker, der älteste Teil der Tragödie, soll bereits kurz nach der Hinrichtung entstanden sein. Die Todesstrafe für Kindsmörderinnen blieb danach noch viele Jahrzehnte in Kraft, wenn diese auch bei Weitem nicht immer so hart bestraft wurden wie Susanne Margaretha Brandt. 1783 musste Goethe in Weimar über einen ähnlichen Fall entscheiden und stimmte dafür.

47 Katz-Haus
Musikabende der Bohème

Eschersheim, Am Kirchberg 27

Es müssen Abende voller angeregter Diskussionen, politischer Gespräche und Kunst gewesen sein, für die Ende der 1920er Jahre die Frankfurter Avantgarde in das Haus Am Kirchberg strömte. Zwei besondere Künstler lebten dort, die Pianistin Franziska Katz-Ehrenreich und der Maler Hanns Ludwig Katz. 1927 hatten sie sich das Haus von den befreundeten Architekten Otto und Eduard Fucker, zwei Vertretern der Neuen Sachlichkeit, nach ihren Vorstellungen bauen lassen. In dem Viertel lebten angesehene Rechtsanwälte, Ingenieure, Lehrer. Das weiße Haus mit dem flachen Dach, den großen Fenstern und dem Käfig auf dem höheren Teil, in dem das Paar seine Affen hielt, muss ein Fremdkörper gewesen sein.

Das Ehepaar Katz war ein Teil der Künstlerszene. Er malte expressionistische Bilder, sie, genannt Fränze, veranstaltete Hauskonzerte und spielte dabei auch zeitgenössische Musik, etwa Arnold Schönberg, Béla Bartók und Paul Hindemith. Des Öfteren übertrug der Rundfunk aus ihrem Haus einen Musikabend, 1928 mit Werken klassischer Komponisten wie Mozart und Bach.

Das Künstlerhaus am Kirchberg wurde auch jenseits der Konzerte zum regelmäßigen Treffpunkt der Avantgarde dieser Zeit. Jeden Sonntagabend empfing man Freunde, zu denen die Maler Hermann Lismann, Rudolf Heinisch, der Bildhauer Benno Elkan, die Architekten Fucker und der Soziologe Siegfried Kracauer, der Fränzes Schwager war, gehörten. Das gesellschaftliche Leben endete 1937 abrupt, als das jüdische Ehepaar das Haus verkaufen und vor der Verfolgung der Nationalsozialisten nach Südafrika fliehen musste. Heute leben eine Architektin und ein Geigenbauer in dem Flachbau und haben ihn liebevoll sanieren lassen. Hausmusik gibt es dort auch wieder.

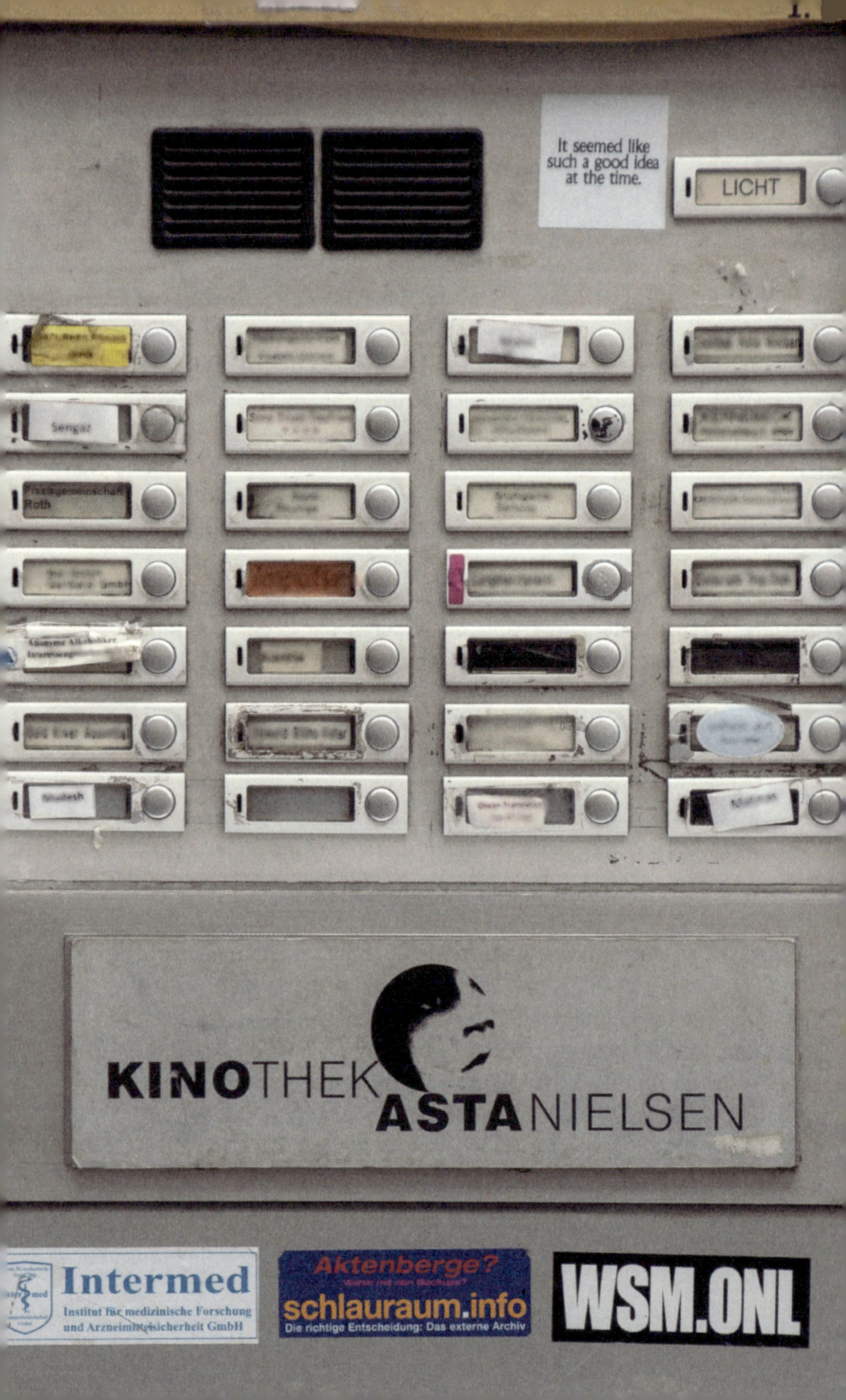
It seemed like such a good idea at the time.
LICHT
Praxisgemeinschaft Roth
KINOTHEK ASTA NIELSEN
Intermed
Institut für medizinische Forschung und Arzneimittelsicherheit GmbH
Aktenberge?
schlauraum.info
Die richtige Entscheidung: Das externe Archiv
WSM.ONL

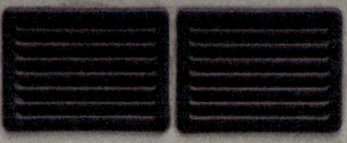

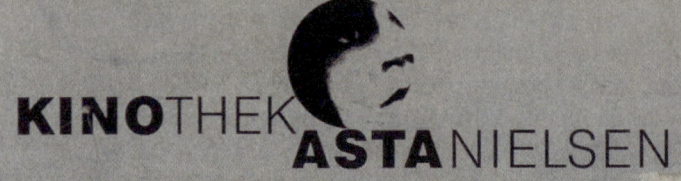

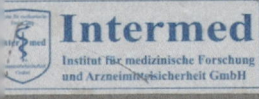

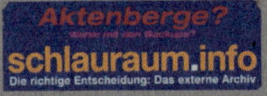

48 Kinothek Asta Nielsen
Im Fokus: Filme von Frauen
Innenstadt, Stiftstraße 2

Die Dänin Asta Nielsen galt als die Königin des Stummfilms und war der erste weibliche Filmstar in Deutschland. Den Vertrag für die Filme, mit denen sie erfolgreich wurde, unterschrieb sie 1911 in Frankfurt, im Büro der Projektions-AG „Union" in der Kaiserstraße 64. Die Kinothek Asta Nielsen in Frankfurt hat sich aber nicht nur deshalb nach ihr benannt. Der Ende 1999 von Filmliebhabern und Mitgliedern der Branche gegründete Verein hat sich zum Ziel gesetzt, die Filmarbeit von Frauen in der Geschichte und Gegenwart zu sammeln, zu begleiten und einer breiten Öffentlichkeit zugänglich zu machen.

Das Archiv des Vereins mit heute rund 35 Mitgliedern verfügt über fast 200 Filme in den nicht kommerziellen Formaten 16mm und Super 8 sowie über Schriften, Kataloge, Flugblätter, Fotos und weiteres Material zumeist aus der feministischen Filmarbeit der 1970er Jahre. Der Verein, dessen künstlerische Leiterin die Filmkuratorin Karola Gramann ist, veranstaltet thematische Filmreihen in verschiedenen Frankfurter Kinos, um besonders solche Werke auch der neueren Frauenbewegung, die meist durch die Raster des heutigen Kinos fallen, zugänglich zu machen. Einer der Schwerpunkte liegt zudem auf dem Stummfilm, ein anderer auf „queer cinema".

In den Anfangsjahren war die Kinothek räumlich mit dem Institut für Theater-, Film- und Medienwissenschaft der Goethe-Universität verbunden. Heute hat sie eigene Räume in der Stiftstraße, wo auch Diskussionsveranstaltungen etwa zur Filmgeschichte stattfinden. Natürlich hat sich die Kinothek auch mit Asta Nielsen beschäftigt. Die erfolgreiche Retrospektive über sie wurde vor einigen Jahren selbst in Berlin, Zürich und Bologna gezeigt.

49 Kleinmarkthalle
Wurst nur von Frau Schreiber
Innenstadt, Hasengasse 5

Wurst ist nicht unbedingt Frauensache. Aber wenn sie von einer Frau verkauft wird, die eine Institution in Frankfurt ist, dann schon. Spitznamen wie „Seele der Kleinmarkthalle" oder „Königin der Würste" quittiert Frau Schreiber nur mit einer abwinkenden Handbewegung. Dabei ist sie wohl die einzige Frankfurterin, die es zu Lebzeiten geschafft hat, ein Original zu werden wie die Frau Rauscher. Wer hat nicht schon an ihrem gerade mal neun Quadratmeter großen Stand im nördlichen Gang der Kleinmarkthalle angestanden, um Krakauer, Gelb-, Rinds- oder Flaschworscht zu essen, mal mit, mal ohne Knoblauch. Die Schlange, die sich dort zur Mittagszeit regelmäßig bildet, entschleunigt den Alltag und beschenkt den Wartenden mit unerwarteten Begegnungen. Hier stehen Rechtsanwälte und Ärzte genauso an wie Studenten, Touristen und angeblich sogar mal ein Bundeskanzler. Die Brühwurst mit Senf und Brot gibt es direkt auf die Hand oder eingeschweißt zum Mitnehmen, wenn auch heute nicht mehr aus eigener Herstellung. Für jeden hat die Chefin einen freundlichen Spruch parat. Wer möchte, für den pellt sie auch die Haut von der Wurst.

Seit Jahrzehnten steht die in Oberschlesien geborene Frau Schreiber hinterm Tresen, mittlerweile mit über 70 Jahren. 1958 hatte sie in die Metzgerei ihres Mannes in Bockenheim eingeheiratet. 1979 kam der Imbissstand hinzu. Selbst als ihr Mann vor einigen Jahren starb, gab sie nicht auf. Als Original hat Frau Schreiber natürlich auch Devotionalien. Den Fraa-Schreiber-Klaamarkthallen-Senf kann man an ihrem Stand kaufen. Mittlerweile ist sie sogar Werbegesicht für den Frankfurter Flughafen. Übrigens, einen Vornamen hat die Frau Schreiber auch. Sie heißt Ilse.

50 Kunst am Stadion
Laufend
Niederrad, Mörfelder Landstraße 362

Am Haupteingang des Waldstadions erinnert eine Bronzeskulptur an jene Zeit, in der das Areal nicht nur Sportgelände, sondern auch Erholungsort war, und dort Kunst im öffentlichen Raum ihren festen Platz hatte. Die Skulptur „Läuferin am Start" aus dem Jahr 1936 zeigt auf einem Sockel einen weiblichen Akt in typischer Startposition. Bei der Dargestellten handelt es sich um die 1904 in Frankfurt geborene Leichtathletin Emmy Haux, die als Sprinterkönigin der 1920er Jahre gefeiert wurde. 1923 und 1924 war sie Deutsche Meisterin im 100-Meter-Lauf. Mit einer Weite von 57,05 Metern stellte sie außerdem am 4. August 1929 in Ulm einen Weltrekord im beidhändigen Speerwurf auf, bei dem zunächst mit der einen und dann mit der anderen Hand geworfen wurde.

Die Skulptur von ihr schuf der Offenbacher Bildhauer Richard Martin Werner, der vor allem bekannt wurde durch seinen Entwurf für das 50-Pfennig-Stück, das 1949 in Umlauf gebracht wurde – übrigens die einzige Münze im gesetzlichen Zahlungsverkehr der Bundesrepublik, auf der jemals eine Frau abgebildet war. Für die auf der Münze dargestellten Figur, die kniend eine Eiche pflanzt, stand ihm seine Ehefrau Gerda Jo Werner Modell.

Nur wenige Meter neben der Skulptur am Stadion steht auf dem außerhalb von Veranstaltungen frei zugänglichen Gelände die „Tilly-Fleischer-Eiche", die an Frankfurts berühmteste Leichtathletin erinnert und von ihr selbst gepflanzt wurde. Ganz in der Nähe ist seit 2014 eine Skulptur des Frankfurter Fanprojektes aufgestellt, die an jene Eintrachtler erinnern soll, die durch die Vertreibung durch den Nationalsozialismus nicht nur ihre Heimat, sondern auch ihren Verein aufgeben mussten.

51 Kunstkabinett
Die Retterin der Maler
Innenstadt, Börsenplatz 13-15

Für die Kunst etwas riskieren, das war seit jeher das Lebensprinzip von Hanna Bekker vom Rath. Die Frau mit den intensiv blauen Augen, die aus einer wohlhabenden Frankfurter Familie stammte, malte selbst und stellte auch aus. Vor allem aber unterstützte sie ab Mitte der 1920er Jahre Künstler der Moderne wie Alexej von Jawlensky oder Karl Schmidt-Rottluff. Sie kaufte Werke an, stellte Kontakt zu Sammlern her und lud die Maler in ihr markantes „Blaues Haus" in Hofheim ein.

Als die Nationalsozialisten die moderne Kunst ächteten und den Künstlern Malverbot erteilten, vermittelte sie deren Bilder weiter an private Sammler. Ab 1940 organisierte sie heimliche Ausstellungen „entarteter Künstler" in ihrer Berliner Atelierwohnung. Von den Erlösen ernährte sich mancher dieser Maler. Als der Bombenkrieg begann, rettete sie viele der Werke nach Hofheim.

In Frankfurt setzte sie ihre Arbeit nach dem Krieg fort. 1947, als sie ihr Kunstkabinett zunächst in einem notdürftig hergerichteten Haus ohne Dach in der Kaiserstraße mit Bildern von Käthe Kollwitz eröffnete, gab es nichts dergleichen in der Stadt. Sie zog zwei Jahre später an den Börsenplatz 13-15 und wurde immer bekannter, auch international. Das Kabinett wurde zum Treffpunkt und Kunst-Klubhaus mit Konzerten und politischen Diskussionsveranstaltungen. Hanna Bekker vom Rath war mehr als eine Galeristin, sie brannte für die Kunst. 1956 unternahm sie mit einer Kollektion von Grafiken von 68 Malern eine Reise durch Südamerika, Afrika und Indien, um den Menschen dort moderne deutsche Kunst nahezubringen. Ihr Name lebt auch nach ihrem Tod im Jahr 1983 im Kunstkabinett in der Braubachstraße weiter.

52 Künstlerhaushalt
Das tanzende Wunderkind
Sachsenhausen, Holbeinstraße 39

Luise Crescentia Antonie Impekoven, schon der Name verheißt eine Künstlernatur. Bereits mit 11 Jahren wurde Luise, genannt Niddy, als tanzendes Wunderkind bekannt. Sie debütierte als Anneliese in der Frankfurter Erstaufführung des Weihnachtsmärchens „Peterchens Mondfahrt" im Opernhaus. Ihr Vater, der bekannte Schauspieler und Regisseur Toni Impekoven, der 1914 aus Berlin nach Frankfurt ans Theater kam und mit seiner Familie in die Holbeinstraße zog, soll damals dafür gesorgt haben, dass ihr Tanz in dem Stück eine größere Rolle spielte. Ballettunterricht hatte sie bei Heinrich Kröller, dem späteren Ballettmeister des Opernhauses, erhalten. Dank ihm löste sie sich vom klassischen Tanz und gab bereits als 14-Jährige erste Solotanzabende am Opernhaus.

In einem ihrer Programme als Ausdruckstänzerin interpretierte sie Themen wie „Das Leben einer Blume", einen grotesken Stampftanz mit dem Titel „Münchener Kaffeewärmer" oder einen Zyklus von Puppentänzen sowie das berühmt gewordene Bild „Der gefangene Vogel", in dem sie die Zerrissenheit zwischen traditioneller Form und tänzerischem Freiheitsdrang künstlerisch verarbeitete. Ihr Tanzabend am Frankfurter Opernhaus 1918 war so erfolgreich, dass sie mit ihm auf Tournee ging. Auch die folgenden Choreographien zu klassischen und modernen Kompositionen zeigte sie im In- und Ausland. In den 1920er und 1930er Jahren trat sie sogar im Fernen Osten, in Amerika, Java und dem heutigen Sri Lanka auf.

Sie wirkte auch in drei Kinofilmen, darunter mit Fritz Kortner in „Armes kleines Mädchen" von 1924 mit. In der Saison 1933/34 gab sie ihr letztes Gastspiel, dann zog sie sich endgültig in die Schweiz zurück, wo sie 2002 mit 98 Jahren starb.

53 Künstlerkeller
Wo sich nicht nur „tout francfort" traf
Innenstadt, Seckbächer Gasse 4

Die Schauspielerin Heide Keller erinnert sich noch heute wehmütig an die Zeiten, als sie und ihre Kollegen in den 1960er Jahren nach dem Auftritt im Künstlerkeller einkehrten. Die damalige Wirtin Antonia Weigand, von allen nur Toni genannt, die schon zuvor den legendären „Globetrotter" führte (anfangs in einem Eisenbahnwaggon auf einem Trümmergrundstück im Grüneburgweg), sei wie eine Mutter für alle gewesen. Sie hörte sich ihre Sorgen an, brutzelte dazu die besten Speckkartoffeln und schmierte die leckersten Schmalzstullen. Neben lokalen Größen wie Hans-Joachim Kulenkampff kehrten bei Toni Künstler aus aller Welt ein. Von Liza Minnelli über Jacques Tati bis zu Dieter Hildebrandt oder Heiner Müller saßen sie in dem verqualmten Gewölbe unter dem Karmeliterkloster.

Dabei war die Wirtin durch Prominenz nicht zu beeindrucken. So erinnert sich der frühere Kulturdezernent Hilmar Hoffmann, der in seinen ersten Frankfurter Jahren bei Toni einen regelrechten Stammtisch unterhielt, um Künstler außerhalb des Büros zu treffen, an einen Besuch des Prinzen Michael von Preußen. Der hatte seinen Chauffeur vorgeschickt, um im Keller einen guten Platz zu ergattern. Toni ließ ihm ausrichten, sie reserviere nur „für echte Künstler". Als der Fahrer den Titel Königliche Hoheit noch einmal betonte, entgegnete sie, die könne sie kreuzweise.

1987 ist Toni Weigand gestorben. Danach übernahm Erwin Schlochoff die Kult-Kneipe. Seit 2007 ist sie wegen Insolvenz geschlossen und verkommt. Heute sind die Kosten für eine Sanierung so hoch, dass die Stadt sich zurückhält und sich kein Gastronom die Finger daran verbrennen möchte. Die guten alten Theaterzeiten kommen ohnehin nicht wieder.

54 La Gata
Die älteste Lesbenkneipe der Welt
Sachsenhausen, Seehofstraße 3

„The L Word" hieß eine der ersten Lesben-Serien im deutschen Fernsehen. Das L-Wort Frankfurts ist das La Gata. Es ist die einzige Kneipe für Frauen, die es noch in der Stadt gibt. Seit Herbst 1971 befindet sie sich in der Seehofstraße. Damit ist sie weltweit die einzige, die so lange an einem Ort existiert, betont die Wirtin Ricky Wild gerne. Sie nennt die 78-Quadratmeter-Kneipe liebevoll ihr Wohnzimmer und so behandelt sie auch ihre Gäste. Auf der Bar steht immer Knabberzeug und wenn eine ihr unbekannte Frau das La Gata betritt, wird sie den anderen Gästen vorgestellt.

Ihren Beruf als Industriekauffrau gab die Seckbacherin schnell auf, um vor 45 Jahren das La Gata zu eröffnen, das auch damals das einzige Lesben-Lokal war. Dennoch war die Entscheidung ein Wagnis. Ricky erlebte schwierige Situationen mit Behörden und konservativen Nachbarn. Letztere lud sie schließlich ins Lokal ein.

Anfangs mussten die Gäste um Einlass bitten, es gab eine Klingel und ein Guckloch in der Tür. Heute treffen sich Frauen von 18 bis 80 Jahre im La Gata und dürfen auf Nachfrage auch mal einen Mann mitbringen. Frankfurter Fußballerinnen haben schon viele Autogramme dagelassen. Andere Prominente schätzten das Inkognito. Ricky bekommt immer noch Post aus den USA, von Frauen aus der Army, die in Frankfurt stationiert waren. Zweimal im Monat, wenn es Sold gab, stürmten sie die Kneipe. Zurück in der Heimat, gründeten sie einen La-Gata-Fanclub. Auch kleine Konzerte hat Ricky Wild in dem Club veranstaltet, mit Schlagerstars wie Cindy & Bert oder Tina York. Heute hören die Mädels lieber Musik der aktuellen Charts, die sie sich an der Musikbox am Eingang selbst wählen können, natürlich kostenlos.

55 Landhaus Belli-Gontard
Ein Ort für Künstler

Bockenheim, Bockenheimer Landstraße 12

In ihrem Landhaus an der Bockenheimer Landstraße, das bereits 1877 abgerissen wurde, empfing die Schriftstellerin Maria Belli-Gontard regelmäßig Kollegen, Schauspieler, Musiker und Künstler. 1848 beherbergte sie gar für drei Monate den Märchensammler und damaligen Abgeordneten der Nationalversammlung, Jacob Grimm. Die 1788 geborene Frankfurterin entstammte der vermögenden Familie Gontard, ihre Tante war Susette Gontard, Hölderlins „Diotima". Als Maria klein war, empfing die Familie regelmäßig Kronprinz Louis Ferdinand von Preußen, der die drei Kinder gerne auf seinem Knie reiten ließ, wie Belli-Gontard in ihren Lebens-Erinnerungen lebhaft beschreibt. Schon in ihrer Jugend galt sie als gewandt im Umgang mit hochrangigen Persönlichkeiten, aber auch als eigensinnig.

So entschied sie sich gegen den Willen ihrer katholischen Familie, den protestantischen Kaufmannssohn Johann Peter Josef Belli zu heiraten, musste die Hochzeit allerdings im kleinsten Kreis an der Silberhochzeit ihrer Eltern feiern. Mit ihrem Mann unternahm sie viele Reisen durch Europa.

Als eine der wenigen Frauen ihrer Zeit trat sie alleine eine halbjährige Reise nach Konstantinopel an. Ihr literarischer Bericht davon erschien 1846 und wurde in einer Zeitschrift sogar von einem männlichen Kollegen gelobt. 1850/51 veröffentlichte sie das zehnbändige Sammelwerk „Leben in Ffm.", für das sie Zeitungsartikel gesammelt hatte – ein vielfältiger Einblick in das soziale und kulturelle Leben der Stadt. Sie publizierte bis ins hohe Alter. Mit 86 Jahren ernannte das Freie Deutsche Hochstift sie auf dem Gebiet der Kultur- und Literaturforschung zur „Meisterin". Zu den insgesamt 625 Ausgezeichneten zählten damals nur sieben Frauen.

56 Laufhaus
Blick in eine Männerwelt
Bahnhofsviertel, Taunusstraße 26

Ein Bordell ist einer der wenigen Orte Frankfurts, in den Frauen nicht hineingelassen werden. Es sei denn, sie arbeiten dort. Immerhin 14 sogenannte Laufhäuser gibt es allein im Rotlichtviertel am Bahnhof, dem bis heute die Aura des Verruchten und Verbotenen anhaftet. Sie versprühen aber eher den Charme eines gefliesten Parkhauses. Für 140 Euro am Tag können die Frauen sich dort ein Zimmer mieten und ihre Freier empfangen. 25 Euro kostet derzeit eine Viertelstunde käuflicher Sex. Die benötigte Schlagzahl, um dabei über die Runden zu kommen, kann sich jeder ausrechnen.

Die „Taunusstraße 26" etwa lockt mit roten Neonröhren an der Fassade. Im Hinterhaus wartet „Mistress Vanessa" darauf, ihre Kunden mit dem Rohrstock zu bearbeiten und sie mit Rollenspielen anzuheizen. Sex gibt es bei der Domina nicht. Sie nehme sich immer wieder vor aufzuhören, und mache doch weiter, sagt sie. Der Rest ist unerwartet spießig: Ein Aufenthaltsraum mit Kaffeemaschine und Gratis-Snacks, ein Sicherheitsraum mit Bildschirmen, um die Flure zu überwachen.

In Frankfurt kann sich jede Interessierte selbst ein Bild von diesem Ort machen. Der Szene- und Bahnhofsviertel-Kenner Ulrich Mattner führt seit 2012 ausschließlich Frauen mit seiner „Sex in the City"-Tour hinter die Kulissen. Sie lernen dabei auch die Angebote „ohne Happy-End" kennen, Animierbars à la „My Way" für Einsame und Redebedürftige, die sich die Flasche Schampus schon mal 1.000 Euro kosten lassen. Mattner gibt spannende Einblicke in eine Welt, die sich, mal abgesehen von ein paar Strippern für die unvermeidlichen Junggesellinnen-Abschiede, nur ums männliche Vergnügen dreht. Ein Bordell für Frauen gibt es in Frankfurt nicht.

57 Lesbenarchiv
Bücher, Plakate & Co.
Innenstadt, Klingerstraße 6

Viel Platz ist nicht mehr übrig in den Regalen. Rund 4.700 Bücher, 3.000 feministische, Frauen- und Lesbenzeitschriften, 500 bis 600 Plakate, 280 DVDs und 255 CDs sind derzeit im Frankfurter Lesbenarchiv zu finden. Seit 1991 sammeln engagierte Frauen im Lesbisch-Schwulen Kulturhaus in der Klingerstraße alles, was von, mit oder über Lesben veröffentlicht wurde. Neben Romanen, Biografien, Lyrik, Sachbüchern oder Comics, Zeitschriften von der „Emma" bis zur US-amerikanischen „Curve", Diplom- und Examensarbeiten zählen dazu auch Musik, Filme, Flyer und Ansteckplaketten.

Vier Frauen kümmern sich ehrenamtlich darum, dass der Bestand erfasst ist und im Gesamtkatalog des Dachverbandes deutschsprachiger Lesben/Frauenarchive und -bibliotheken online abgerufen werden kann, dass er zudem stetig wächst und dass die Bücher an drei Tagen in der Woche ausgeliehen werden können. Sie veranstalten Filmnächte und einmal im Jahr zur Buchmesse die lesbisch-schwule Lesenacht, zu der das Haus immer gut gefüllt ist. Büchertische mit gespendeten Exemplaren etwa beim Christopher Street Day helfen bei der Finanzierung des Archivs.

Doch das ist nicht das einzige, was das Lesbisch-Schwule-Kulturhaus bietet. Der Trägerverein „Lebendiges Lesben Leben", dessen Projekt auch das Archiv ist, öffnet jeden Sonntag ab 16 Uhr das Haus für das Les-Café, einen Ort zum Treffen und Klönen. Vorträge, Workshops oder Tanztee werden dann veranstaltet. In den Räumen treffen sich verschiedene Gruppen, darunter die „Liederlichen Lesben", ein Frauenchor, der für seine humorvollen musikalischen Theaterstücke über Frankfurt hinaus bekannt ist. Die Lesben-Disco und die Silvesterparty für Frauen sind ebenfalls beliebt in der Szene.

58 Liebfrauenkirche
Die Stiftung zweier Witwen
Innenstadt, Liebfrauenberg

Mitten in der hektischen Innenstadt ist der Hof des Klosters Liebfrauen heute eine Oase der Stille. Die darin stehende Lourdes-Madonna ist Ziel vieler Gläubigen, die davor eine Kerze entzünden. Das Kloster, in dem bis heute Kapuziner leben, wurde im Jahre 1923 angelegt. Die Verehrung der Muttergottes an dieser Stelle ist aber viel älter. Bereits 1318 stifteten der Grundstücksbesitzer Wigel von Wanebach, seine Frau Katharina, die gemeinsame Tochter und der Schwiegersohn Wigel Frosch eine Kapelle. Zu dieser Zeit hieß der heutige Liebfrauenberg noch Rossebühel, weil dort Pferdemärkte stattfanden.

Beide Männer starben kurz nach der Errichtung der Kapelle. Die Witwen erweiterten gegen den Widerstand der Verwandtschaft die Stiftung und erreichten 1325, dass die Kapelle vom Mainzer Erzbischof zur Stiftskirche „Zu Unserer Lieben Frau" erhoben wurde. Zur damaligen Zeit war dies durchaus besonders, gab es doch mit dem Bartholomäusstift und dem Kollegiatsstift an der Leonhardskirche gerade mal zwei Stiftskapitel mit festen Geistlichen. Nach dem Namen der Kirche setzte sich bei den Frankfurtern für den 1416 erstmals gepflasterten Platz der Name „Frauen-Berg" und später „Liebfrauenberg" durch.

Kurz vor ihrem Tod bedachten Mutter und Tochter von Wanebach das Stift und die Kirche noch einmal großzügig. Seitdem wurde diese mehrfach umgebaut und im 18. Jahrhundert umfassend barockisiert, im Zweiten Weltkrieg brannte sie aus. Seit 1803 gehört die Liebfrauenkirche zu den Dotationskirchen, für deren Unterhalt die Stadtgemeinde zu sorgen hat. Das Grabmal von Wigel von Wanebach aus dem Jahr 1322 befindet sich noch heute darin. Das seiner ebenfalls dort bestatteten Frau ist nicht erhalten.

59 Liebfrauenschulhof
Die Mutter des Dichters
Innenstadt, Schäfergasse 23

Um eine Frankfurterin kommt kein Frauenbuch herum. Schließlich ist es ihr zu verdanken, dass die Stadt sich als Heimat eines der größten Dichter preisen kann. Catharina Elisabeth Goethe, am 19. Februar 1731 als Tochter des Stadtschultheißen Johann Wolfgang Textor geboren, schenkte ihrem Sohn 1749 das Leben und, so dichtete er über sie, die Frohnatur. Doch so heiter und froh, wie dieser es darstellt, dürfte sie selten gewesen sein. Als 17-Jährige wurde sie mit dem 21 Jahre älteren kaiserlichen Rat Johann Caspar Goethe verheiratet und hatte einen großen Haushalt zu führen. Mit 30 Jahren hatte sie bereits fünf Kinder verloren, ihre Tochter Cornelia starb zudem mit 27 Jahren im Kindbett. Ihren Mann pflegte sie nach einem Schlaganfall, bis auch er 1782 starb. Der einzige Sohn kam nur selten zu Besuch. 13 Jahre lang lebte sie allein in dem repräsentativen Haus im Großen Hirschgraben und empfing vor allem Goethe-Verehrer. Dem Sohn schrieb sie: „Ich lebe in dieser großen Stadt wie in einer Wüste."

Mit 53 Jahren verliebte sie sich in den 31-jährigen Künstler Carl Wilhelm Ferdinand Unzelmann und lieh ihm viel Geld. Nach drei Jahren verließ er jedoch heimlich die Stadt. Sie zog daraufhin um ins Haus zum goldenen Brunnen, an dessen Platz an der Hauptwache 8 heute noch eine Gedenktafel erinnert.

Im September 1808 war sie zu einer Gesellschaft eingeladen. Doch sie ließ ausrichten: „Die Frau Rat kann nit kommen, sie hat alleweil zu sterben." Ihr Begräbnis im Textor'schen Familiengrab auf dem Peterskirchhof hatte sie genau geplant, inklusive der Größe der Brezeln beim Leichenschmaus. Die Grabstätte liegt heute auf dem um 1911 für die Liebfrauenschule abgetrennten Schulhof.

60 Lilith – Frauenzentrum
100 Jahre Zuflucht
Ostend, Alfred-Brehm-Platz 15

Die Frauen, die ins Lilith kommen, haben in der Regel soziale Probleme, Gewalt erlebt oder Schwierigkeiten, in der Gesellschaft zurechtzukommen. Sie sind in einer Krisensituation und stehen auf der Straße. Ihnen ein Obdach zu geben, das hat an diesem Ort eine lange Tradition. Das Zentrum am Zoo, damals „Haus Zuflucht", gibt es seit mehr als 100 Jahren. Bertha Thomas, Tochter eines Frankfurter Malers, kaufte mit dem Verein „Weibliche Stadtmission" die Liegenschaft im Jahr 1909 und bot sogenannten „gefallenen Mädchen", also jungen Frauen, die in die Stadt kamen, um hier zu arbeiten und dabei auf die schiefe Bahn gerieten, Hilfe an. 1914 kam das Nachbarhaus hinzu. Während der NS-Herrschaft konnte die Einrichtung ihre Arbeit fortsetzen, 1944 aber wurde sie durch Bomben zerstört und erst zehn Jahre später wieder als Wohnheim für Frauen genutzt.

In den 1970er Jahren setzten die Frauen modernere pädagogische Konzepte durch. Der Verein löste sich daraufhin auf, der Evangelische Regionalverband übernahm die für Frankfurt einzigartige Einrichtung. 2003 wurde sie nach „Lilith" benannt, einer Figur aus vorbiblischer Zeit, die für Selbstständigkeit steht und sich gegen Unterdrückung wehrt.

Heute beinhaltet die Hilfe bei Wohnungslosigkeit die Bereitschaft der Frau, an der Situation zu arbeiten, intensive Begleitung und Beratung anzunehmen. Vier Wohngruppen mit jeweils sieben kleinen Zimmern bieten die Möglichkeit dazu. Darüber hinaus gibt es vier Notfallplätze. Im Schnitt bleiben die Frauen ein bis eineinhalb Jahre im Haus. In der Einrichtung gibt es außerdem den Tagestreff „17 Ost" mit Duschen und einem gemütlichen Café sowie Beratungsstellen auch für Schwangere und für Prostituierte.

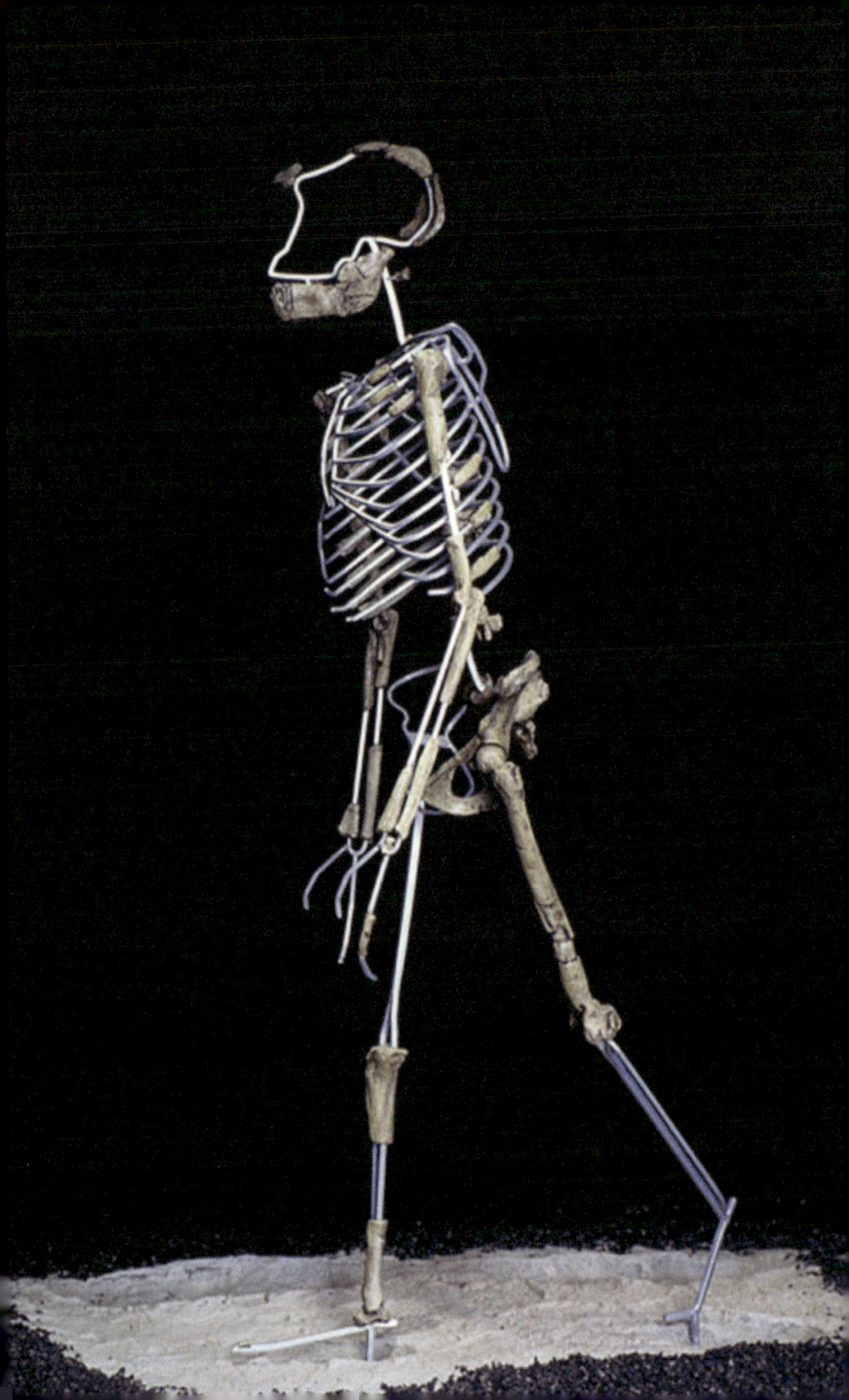

61 Lucy
Die Mutter der Menschheit

Bockenheim, Senckenberganlage 25

Eigentlich ist es nicht verwunderlich, dass es eine Frau war, die als Erste den aufrechten Gang probte. Eine gute Balance ist offenbar nicht erst, seit wir auf hohen Absätzen gehen, eine eher weibliche Eigenschaft. Zumindest war „Lucy", so werden die Skelett-Fragmente des Australopithecus afarensis genannt, die 1974 im Nordosten Äthiopiens gefunden wurden, damals der geologisch älteste Nachweis für die Fähigkeit, sich auf zwei Beinen fortzubewegen. Seitdem galt Lucy als „Mutter der Menschheit". Eine Nachbildung der rund drei Millionen Jahre alten weiblichen Knochen, die im Nationalmuseum von Addis Abeba aufbewahrt werden, zählt seit einigen Jahren zu den Attraktionen des Senckenberg Naturmuseums.

Lucy, übrigens benannt nach dem Beatles-Song „Lucy in the sky with diamonds", der lief, als der amerikanische Paläoanthropologe Donald Johanson mit seinem Team die Knochen fand, steht in einem kleinen Raum im Erdgeschoss. Ihre Knochen verraten, dass sie kaum größer als ein Meter war und ungefähr 30 Kilogramm wog. 1995 büßte sie ihren absoluten Spitzenplatz im Stammbaum unserer Art wieder ein. Damals konnte ein noch älterer menschlicher Vorfahre mit aufrechtem Gang nachgewiesen werden. Lucys Name ist dennoch weltweit Synonym für den menschlichen Ursprung geblieben. Und wer weiß schon, ob der Mann tatsächlich der Älteste war. Wahrscheinlich hat ihm seine Gefährtin auf die Beine geholfen.

Das Museum will seine Dauerausstellung zur Menschheitsgeschichte neu gestalten. Dort wird Lucy dann, wie es sich für eine Dame gehört, im Mittelpunkt stehen. Dass sich an der Finanzierung dieses Vorhabens der International Womens's Club of Frankfurt (IWC) beteiligte, versteht sich von selbst.

HIER WOHNTE
LUCY LIEFMANN
JG. 1884
GEDEMÜTIGT / ENTRECHTET
FLUCHT IN DEN TOD
3.1.1942

62 Lucy Liefmann

Die erste Dr. jur. der Goethe-Uni

Nordend, Melemstraße 8

Vor ihrem wohl letzten Wohnort in Frankfurt erinnert ein Stolperstein an Lucy Liefmann. Sie war die erste Frau, die an der Rechtswissenschaftlichen Fakultät der Frankfurter Universität promoviert wurde. Bereits als 20-Jährige hatte die Tochter des Briten Leo Liefmann und seiner Frau Auguste als Lehrerin gearbeitet. Nebenbei besuchte sie Veranstaltungen an der Akademie für Sozial- und Handelswissenschaften und machte 1912 ihr Abitur als Externe an der Musterschule.

Sogleich begann sie in Heidelberg ein Studium der Rechtswissenschaften und wechselte 1914 an die frisch gegründete Frankfurter Uni. Bevor sie zur Promotion zugelassen wurde, musste sie eine bürokratische Hürde überwinden, denn mit einem englischen Vater galt auch sie als Engländerin und damit als „feindliche Ausländerin". Das Thema ihrer Doktorarbeit, die Unterhaltspflicht des außerehelichen Vaters, zeigt ihr Interesse für Soziales und Frauenrechte.

1920 wurde sie wissenschaftliche Assistentin im Wohlfahrtsamt, zuständig für das Fürsorgearchiv und die Frankfurter Wohlfahrtsblätter, die sie auch fortführte, als während der Inflation keine städtischen Gelder mehr flossen. Sie schrieb über fürsorgerechtliche Fragen in der Erziehung, im Altenheim, bei Schwerbeschädigten oder über die Bekämpfung von Geschlechtskrankheiten. Als enge Mitarbeiterin der zuständigen Stadträte arbeitete sie maßgeblich mit an einer neuzeitlichen Fürsorgepolitik. Als Jüdin und Sozialdemokratin wurde sie 1933 entlassen und kämpfte jahrelang vergeblich um eine angemessene Rente. Ihre Eltern nahmen sich 1940 und 1941 das Leben. Nach einer schweren Sturzverletzung starb Lucy Liefmann im Januar 1942, vermutlich ebenfalls von eigener Hand.

GRAB
EINES ADELIGEN
MÄDCHENS
UM 680

63 Mädchengrab im Dom
Die erste Frankfurterin

Innenstadt, Domplatz 1

Jahrhundertelang lag das Grab des kleinen Mädchens unentdeckt unter dem Kaiserdom St. Bartholomäus. Erst im Februar 1992 wurde bei umfangreichen Grabungen des Denkmalamtes eine zwei Meter lange, 1,20 Meter breite und 60 Zentimeter tiefe Grabkammer unter dem westlichen Teil des Hauptschiffes der Kirche freigelegt, die aus der Zeit um 700 bis 730 stammt. Es war der wohl spektakulärste archäologische Grabfund in der Stadt, da er erstmals die Bedeutung Frankfurts schon vor seiner Erstnennung 794 belegte. Der Knochenfund ist das erste Relikt eines Menschen vom einstigen fränkisch-merowingischen Königshof Franconofurd – Furt der Franken, deshalb kann man durchaus von den Überresten der ersten bekannten Frankfurterin sprechen.

Im Grab fanden sich wenige Knochen und Gefäße mit Speiseresten, die heute im Dommuseum zu sehen sind. Die reiche Kleidung und der wertvolle Schmuck, den das vierjährige Mädchen trug, zeugen von der hohen Stellung des Kindes, das christlich und nach fränkisch-merowingischer Sitte in einem Sarg bestattet wurde. An seiner Seite entdeckten die Archäologen die Reste eines weiteren Kindes, das nach altgermanischem Brauch in einem Bärenfell verbrannt wurde und vermutlich skandinavischer Herkunft war. Anhand der wenigen verkohlten Reste ist nicht mehr festzustellen, ob es sich ebenfalls um ein Mädchen handelte. Ein feines Tuch mit einem großen aufgenähten Kreuz aus Goldfäden als christliches Symbol war über beide Kinder gebreitet. Bis heute geben die Funde den Archäologen viele Rätsel auf. Auch wie das Mädchen ausgesehen hat, werden wir nicht mehr erfahren. Aus den Knochenfragmenten konnten weder Schädel noch eine Gesichtsform rekonstruiert werden.

64 Madonna Jutta
In Stein gemeißelte Liebe
Innenstadt, Römerberg, Steinernes Haus

Wer sich die Dame mit dem Kind auf dem Arm genauer anschaut, kann erkennen, dass sie allzu frisch und makellos wirkt, um historisch zu sein. Und tatsächlich steht die „Madonna Jutta" erst seit Dezember 1967 auf dem Sockel an der gotischen Fassade des Steinernen Hauses, in dem heute der Frankfurter Kunstverein zu Hause ist. Die Plastik stammt von dem Bildhauer Georg Krämer. Er schuf sie aber nach dem Bild einer historischen Figur aus dem 15. Jahrhundert, die im Zweiten Weltkrieg zerstört wurde.

Um die Figur rankt sich eine traurige Liebesgeschichte. Jutta, die Tochter des Handelsherren Johann von Melem, der das damals schon imposante Steinerne Haus 1464 errichten ließ, führte nach dem frühen Tod ihrer Mutter den Haushalt. Alle Männer, die sie heiraten wollten, wies sie ab. Doch ihr Vater drängte sie, den Antrag eines Kölner Kaufmanns anzunehmen. Bis zu ihrer Hochzeit sollte eine steinerne Madonna das Haus schmücken und behüten.

Das Schicksal wollte es, dass als Steinmetz Andreas, die Jugendliebe Juttas, beauftragt wurde. Eine Verbindung zwischen einem Handwerker und einer Patriziertochter war damals aussichtslos gewesen. Der junge Mann war daher von Frankfurt weggegangen. Nun kehrte er zurück und sah die geliebte Frau wieder. Als die fertige Madonna enthüllt wurde, war sie das Ebenbild Juttas. Der Künstler aber verschwand, ohne seinen Lohn zu fordern. Die Hochzeit mit dem Kölner Kaufmann wurde dennoch abgesagt und Jutta blieb laut Sage unvermählt, wenn auch die Familiengeschichte für sie gleich zwei Ehemänner aufführt. Sie tat in ihrem Leben viel Gutes, so dass der Volksmund ihr den Namen „Madonna Jutta" gab.

65 MatriaVal
Friedliche Frauen
Berkersheim, Im Klingenfeld 37

Weltweit gibt es heute noch 200 Gesellschaften, die matriarchal organisiert sind, schätzt Uschi Madeisky. Der Frankfurter Verein MatriaVal, den sie vor zehn Jahren mitbegründet hat, beschäftigt sich mit solchen Kulturen, in denen die Mutter im Zentrum steht. Die deutschlandweit rund 120 Mitglieder zählende Einrichtung versucht, diese zu unterstützen und ihre Werte in unseren Alltag zu übertragen.

Aktuell erlebe der Verein ein steigendes Interesse an solchen gesellschaftlichen Strukturen, sagt Madeisky. Kein Wunder, schließlich gelten sie als äußerst friedfertig und stehen für einen achtsamen Umgang zwischen Frau und Mann. „Diese Völker haben noch nie einen Krieg angefangen, wenn sie angegriffen werden, verstecken sie sich. Sie sind auch nicht rachsüchtig", betont die Soziologin und Dokumentarfilmerin, und man merkt ihr die Begeisterung für das Thema an, das sie seit den 1990er Jahren intensiv verfolgt. So drehte sie bereits Filme über Matriarchate in Indien, Mikronesien, Eritrea und zuletzt im Südwesten Chinas, wo die Mosuo in einem System leben, in dem die Frauen die wirtschaftlichen und sozialen Fäden in der Hand halten.

Bei MatriaVal treffen sich alle sechs Wochen Frauen aus dem Rhein-Main-Gebiet im Matri-Zirkel und tauschen sich aus. Der Verein hat ein Archiv für Informationen rund um das Martiarchat angelegt, mit dem Matriamarkt einen virtuellen Marktplatz für kreative Produkte ihrer Mitglieder geschaffen und gründet derzeit eine internationale Matri-School, an der fast ein Dutzend Dozentinnen und Dozenten Vorlesungen und Workshops zum Thema anbieten, darunter Vertreterinnen der Matriarchate selbst. Nur ein Ort für die Schule muss noch gefunden werden.

FRIEDRICHSTRASSE '0

66 Mitscherlichs Zuhause
Temperamentvoller Freigeist
Westend, Friedrichstraße 10-12

In einer modernen, großräumigen Wohnung dieses Hauses lebte eines der berühmtesten Paare der Stadt, auch wenn keine Tafel darauf hinweist. Denn gewirkt haben Margarete und Alexander Mitscherlich einige Straßen weiter, im Sigmund-Freud-Institut, das sie 1959/60 mitbegründete und er leitete. Dass die Psychoanalyse nach dem Krieg und der Emigration der meist jüdischen Wissenschaftler nach Frankfurt zurückkehrte, ist ihr Verdienst. Gemeinsam verfassten sie das im spießigen Adenauer-Deutschland aufsehenerregende Buch „Die Unfähigkeit zu trauern", in dem sie die Psychoanalyse hin zu konkreten gesellschaftlichen Bezügen öffneten – eine Zusammenarbeit, die wohl nicht immer harmonisch verlief und bei der sich Margarete Mitscherlich gegen ihren bereits berühmten Mann behaupten musste. Doch das konnte die temperamentvolle Psychoanalytikerin, die ihr Leben lang als Freigeist galt.

So hatte sich die Tochter eines dänischen Arztes und einer deutschen Lehrerin Ende der 1940er Jahre, als sie von dem noch verheirateten Mitscherlich schwanger wurde, auch entschieden, das Kind auszutragen. Bereits in den 1970er Jahren bekannte sie sich zum Feminismus und machte sich viele Gegner mit Schriften wie „Die friedfertige Frau: eine psychoanalytische Untersuchung zur Aggression der Geschlechter" oder „Die Zukunft ist weiblich".

Nach dem Tode ihres Mannes Alexander im Jahre 1982 war sie bis 1997 Herausgeberin der angesehenen Zeitschrift „Psyche". Doch noch besser als in der Theorie sei sie im Umgang mit Klienten gewesen, sagt man. Im psychotherapeutischen Trakt des Sigmund-Freud-Instituts in der Myliusstraße 20 hatte sie bis zu ihrem Tod mit fast 95 Jahren einen Therapieraum mit der berühmten Couch.

67 Mutter der Einbauküche
Margarete Schütte-Lihotzky

Römerstadt, Im Burgfeld 136

An ihrem 100. Geburtstag im Jahr 1997 erzählte die Architektin Margarete Schütte-Lihotzky, 1916 habe niemand geglaubt, dass je eine Frau damit beauftragt werde, ein Haus zu errichten. Dennoch studierte sie in der Architekturklasse der Kunstgewerbeschule in Wien und wurde zur ersten Architektin Österreichs. Ihre größten Spuren aber hinterließ sie in Frankfurt, wo sie im Auftrag von Stadtbaurat Ernst May ab 1926 für seine Siedlungshäuser den Prototyp der Einbauküche entwarf.

Ihr Vorbild war die Küche eines Speisewagens. Auf gerade mal 10 Quadratmetern sollte die Nutzerin alles finden, was sie brauchte, inklusive Bügelbrett, das zum Ausklappen an der Wand angebracht war. Dafür analysierte sie mit der Stoppuhr die typischen Abläufe. Sie ließ Schränke zur bestmöglichen Nutzung des Platzes bis an die Decke bauen, Töpfe und Deckel kamen zum Trocknen in ein luftdurchlässiges Fach. Als Kühlschrank fungierte ein von außen belüfteter Küchenschrank. Aluminium-Schütten, Glas-Schiebetüren und Metallgriffe nahmen den Stil der Neuen Sachlichkeit auf. 10.000 dieser „Frankfurter Küchen" wurden zwischen 1926 und 1930 gebaut. Zu sehen sind Exemplare davon heute in Museen in London und Nürnberg. Im ursprünglichen architektonischen Zusammenhang und in der damaligen Farbigkeit kann man sie aber nur in der Römerstadt-Siedlung erleben, in der die Ernst-May-Gesellschaft eines der Reihenhäuser weitgehend originalgetreu eingerichtet hat.

Die Architektin entwickelte neben der Küche für das Frankfurter Hochbauamt auch mehrere Typen von Gartenlauben, die in der Römerstadt oder auf dem Lohrberg gebaut wurden. Sie starb am 18. Januar 2000, einige Tage vor ihrem 103. Geburtstag.

68 Nitribitt-Haus
Kann denn Prostitution Kultur sein?
Innenstadt, Stiftstraße 36

Wer hätte es gedacht, dass einmal die Wirkungsstätte einer Prostituierten, in den 1950er Jahren der Sündenpfuhl schlechthin, zum Kulturdenkmal werden würde. Eine solche Entscheidung dürfte einmalig in Deutschland sein. Tatsächlich lautet ein Teil der Begründung des hessischen Landesamtes für Denkmalpflege, das das 1955 erbaute Geschäfts- und Appartementhaus in der Stiftstraße vor einiger Zeit in die Denkmalliste aufgenommen hat, dass es weit über Frankfurt hinaus Aufmerksamkeit durch den Mordfall Nitribitt erhielt und seitdem die Bezeichnung „Nitribitt-Haus" trage.

Im Oktober 1957 ging der Mord an der 24-jährigen Prostituierten Rosemarie Nitribitt im Appartement 41 im vierten Stock bundesweit durch die Medien. Weil er bis heute nicht aufgeklärt ist, dient er Kriminalisten und Verschwörungstheoretikern weiterhin als Projektionsfläche. Frankfurts Fremdenführer dürfte es besonders freuen, dass das Gebäude nicht wie die Nachbarhäuser, in denen einst das Turm-Kino und der Rundschau-Verlag residierten, der Abrissbirne zum Opfer fallen wird. Bei ihren Stadtführungen wird häufig an der unscheinbaren Glastür Halt gemacht, durch die damals nur kam, wer das Codewort „Rebekka" kannte. Industrielle und Bankenbosse gingen hinauf in die elegante Zweizimmerwohnung, weshalb der Mord zum handfesten Skandal im Wirtschaftswunder-Deutschland emporschnellte. Um die 80.000 Mark Jahreseinkommen soll Rosemarie Nitribitt allein 1956 gehabt haben. Ihren Kunden entsprechend fuhr sie im schwarzen Mercedes-Coupé 190 SL durch die Stadt, damals der Inbegriff der sportlichen Luxuskarosse. Ein Ring für 30.000 Mark lag bei einem Juwelier für sie zur Abholung bereit. Ihn konnte sie nicht mehr tragen.

69 Palais Grüneburg
Wo die Baronin Hof hielt
Westend, Grüneburgpark

Die Frankfurter nannten sie einfach „die Baronin". Bis zu ihrem Tod im Jahre 1924 lebte Hannah Mathilde von Rothschild im Palais Grüneburg, an das heute eine Stele im Park erinnert. Die 92-Jährige galt damals als reichste Frau der Stadt, obwohl ihr Vater Amschel Mayer Rothschild seine Töchter vom Erbe ausgeschlossen hatte. Er hatte aber 1837 das damals malerisch auf einer Anhöhe nordwestlich von Frankfurt gelegene Grundstück gekauft. 1845 entstand dort das neue Palais mit einer reich geschmückten Fassade, angelehnt an die französische Neorenaissance, das den Spitznamen „Feenschlösschen" erhielt.

Mathilde, wie sie gerufen wurde, zog mit ihrem Mann Wilhelm Carl von Rothschild, einem Cousin ihres Vaters, den sie mit 17 Jahren geheiratet hatte, ins Palais. Sie ließen das Gelände von Heinrich Siesmayer zu einem englischen Landschaftspark umgestalten. Durch die Kastanienallee, die zum schmiedeeisernen Tor führte, rauschten viele Landauer und Equipagen, wenn sie Gesellschaften gaben. Trotz ihres streng jüdischen Glaubens führten sie ein reges gesellschaftliches Leben und luden Musiker wie Frédéric Chopin ein. Mathilde komponierte Lieder, etwa für berühmte Sängerinnen wie Adelina Patti. Sie begründete eine stattliche Kunstsammlung alter Meister und war eine Wohltäterin großen Stils, die unter anderem half, 1922 das Museum für jüdische Altertümer im früheren Bankhaus der Rothschilds in der Fahrgasse 146 einzurichten.

Einige Jahre nach ihrem Tod verlor die Familie durch die Nationalsozialisten das Gelände. Es entstand ein öffentlicher Park, im Palais ein Café. Es wurde 1944 durch Bomben schwer beschädigt und abgerissen. Heute erinnert die Mathildenstraße an die Baronin.

70 Palmengarten
Wo Frauenschuhe wachsen
Bockenheim, Siesmayerstraße 61

Veronika, Iris, Erika oder die schwarzäugige Susanne – im Palmengarten stößt man auf zahlreiche Frauen. Dabei ist nicht immer herauszufinden, ob die Frau nach der Blume benannt ist oder umgekehrt. In Frankfurts botanischem Garten gibt es aber weit mehr Berührungspunkte zwischen Frau und Pflanze, was häufig daran liegt, dass botanische Namen der griechischen oder römischen Mythologie entnommen wurden. So auch im Falle der Gattung Paphiopedilum, dem Frauenschuh, einer der bekanntesten Orchideen. Paphia verweist auf die Liebesgöttin Aphrodite, die in der Nähe von Paphos dem Meer entstiegen sein soll. Pedilon ist griechisch, bedeutet kleiner Schuh und deutet auf die Form der Blüte hin.

Die Orchidee selbst verdankt ihren Namen übrigens Orchis, einem griechischen Lüstling, den die Götter in eine Pflanze verwandelten. Seine Hoden ließen sie als Wurzelknollen in der Erde verschwinden, weshalb die beiden Knollen der Orchidee noch im späten Mittelalter als lustfördernd galten. Heute stehen sie unter Artenschutz.

Besonders geschickt ist der Frauenschuh bei der Fortpflanzung. Er lockt die Insekten meist durch Vortäuschung von Nahrung in die Nähe des Schuheingangs, dort rutschen sie in die Öffnung hinein. Der einzige Ausweg führt direkt am Geschlechtsapparat vorbei, wo das Insekt mit klebrigen Pollen beladen wird. Passend zum Frauenschuh gibt es im Palmengarten noch den Frauenmantel, der an den gezackten Rändern in der Nacht kleine Wassertröpfchen abgibt. In der Sonne wirkt das Blatt wie ein perlengeschmücktes Revers, das an den Mantel in mittelalterlichen Mariendarstellungen erinnert. Die Pflanze galt lange als Heilkraut, das, wie könnte es anders ein, besonders gegen Frauenkrankheiten wirkt.

BERTHA PAPPENHEIM

geboren am 27. Februar 1859 in Wien,
gestorben am 28. Mai (7. Siwan) 1936 in Neu-Isenburg

TOCHTER DES HERRN SIGMUND PAPPENHEIM
UND DER FRAU RECHA PAPPENHEIM
GEB. GOLDSCHMIDT, WIEN

מושיבי עקרת הבית
אם – הבנים שמחה

ER MACHT DIE KINDERLOSE DES HAUSES
ZUR FROHEN MUTTER VON KINDERN.

Psalm 113

71 Pappenheim-Grab
Kämpferin und Freuds Patientin
Nordend, Rat-Beil-Straße 10

Am 14. November 1888 zog eine grazile 29-jährige Frau mit ihrer Mutter nach Frankfurt in die Leerbachstraße 10. Es ist die Geburtsstadt der Mutter, die aus der wohlhabenden jüdischen Familie Goldschmidt stammte und nach Wien verheiratet wurde. In Frankfurt sollte Bertha Pappenheim eine neue Perspektive finden, nachdem ihr Leben in Wien von Krankheit und dem traditionellen Alltag einer höheren Tochter geprägt war.

Sie veröffentlichte zunächst unter männlichem Pseudonym Erzählungen. 1895 wurde sie Leiterin des Mädchenwaisenhauses des Israelitischen Frauenvereins. Ab 1904 leitete sie zwanzig Jahre lang den Jüdischen Frauenbund, eine der größten karitativen jüdischen Organisationen. Die Rechte der Frau wurden ihr Lebensthema. Sie kämpfte für Jüdinnen aus dem Osten, für die Frankfurt damals als Umschlagplatz galt, von wo aus Mädchenhändler sie in Bordelle des Vorderen Orients verkauften. In Neu-Isenburg gründete sie schließlich ein Mädchenwohnheim. Am 28. Mai 1936 starb sie mit 77 Jahren und wurde auf dem jüdischen Friedhof begraben.

Dass sie später Berühmtheit als Patientin erlangen würde, empörte viele Verehrer der Frauenrechtlerin. Als Kind hatte Bertha Pappenheim an Halluzinationen, Lähmungen, Seh- und Sprachstörungen gelitten. Dr. Josef Breuer, ein Freund der Familie in Wien, diagnostizierte Hysterie und entwickelte mit seinem jungen Kollegen Sigmund Freud eine Behandlungsmethode der Katharsis, die er bei ihr erstmals erfolgreich anwendete. Sie gilt als die Grundlage der Psychoanalyse. Erst 70 Jahre nach der Veröffentlichung enthüllte ein Biograf Freuds, dass es sich bei der ersten Patientin „Anna O." um Bertha Pappenheim handelte.

72 Pasta Davini
Essen wie bei Mamma
Ostend, Heiligkreuzgasse 9a

Im Pasta Davini kann man essen wie bei Mamma. Und das ist nicht einfach ein Werbespruch. Es ist wohl das einzige italienische Restaurant der Stadt, das in Frauenhand ist. Bei Roswitha Stern, geborene Davini, gebürtige Italienerin aus der Nordtoskana, stehen mit Mimma und Maria neben ihr zwei italienische Hausfrauen in der Küche, die eine Neapolitanerin, die andere aus Sizilien. Gekocht wird alles frisch, hauptsächlich nach Rezepten aus Roswitha Sterns Familie. Ihre Mutter betrieb in den 1950er Jahren mit dem „Bei Marika" eines der ersten italienischen Restaurants der Stadt.

Obwohl sie aus einer Gastronomenfamilie stammt, wollte Roswitha Stern eigentlich kein Restaurant führen und ging in die Kosmetikbranche. 2009 entwickelte sie gemeinsam mit einer Freundin dann doch die Idee, den Frankfurtern italienische Hausmannskost zu bieten. Es begann in den kleinen, liebevoll hergerichteten Räumen im schmuddeligen Teil des Ostends mit einem kleinen Mittagstisch. Es gab hausgemachte Pasta und verschiedene Soßen, je nach Angebot. Doch schon nach drei Monaten lief das Restaurant so gut, dass die Gäste sie baten, auch abends zu öffnen. Heute treffen sich an den Tischen mit rotkarierten Decken die Vertreter der nahegelegenen Gerichte, aber auch viele aus der Kreativszene und immer wieder bekannte Gesichter der Stadt.

Ein Geheimtipp ist das Pasta Davini deshalb nicht mehr, heute muss man zwei Wochen im Voraus reservieren, um einen Platz zu bekommen. Doch noch immer fühlt man sich bei Roswitha Stern wie zu Hause, wenn sie am Tisch die Köstlichkeiten des Tages aufzählt und die Zubereitung beschreibt. Einen Mann gibt es im Service übrigens auch und noch einen zweiten. Der spült in der Küche.

73 Paulinchengrab
Sie hat gezündelt

Nordend/Eckenheim, Hauptfriedhof, Eckenheimer
Landstraße 194, Gewann C, Grab 148

Die Grabstätte von Pauline Schmidt zählt zu den meist besuchten
Orten des Hauptfriedhofs. Und das ausgerechnet, weil Pauline als
Kind etwas tat, was sie nicht tun sollte: mit Streichhölzern spielen.
Dabei soll eine Gardine in Brand geraten sein, was den Frankfurter
Arzt und Schriftsteller Dr. Heinrich Hoffmann zu der Geschichte
inspirierte, die Teil seines Struwwelpeters ist. Statt brav mit den
Katzen zu spielen, zündelt darin das Paulinchen mit Streichhöl-
zern. Die Warnung von Minz und Maunz, „Miau! Mio! Miau! Mio! Laß
stehn! Sonst brennst Du lichterloh!" überhört es. Am Ende sind von
der kleinen Pyromanin nichts als die Schuhe übrig.

Der historischen Pauline Schmidt, der Tochter eines befreundeten
Frankfurter Arztes, erging es nicht so. Sie starb aber mit 15 Jahren
im Juni 1856 an Typhus. Auf ihrer Grabstätte, von der Stadt Frankfurt
unterhalten, steht ein Marmorkreuz. Auf dem Sockel ist die Inschrift
„Ich wecke Dich zur rechten Zeit zur ewigen, ewigen Himmel Freud"
zu lesen. Besuchergruppen zitieren dort häufig aus dem Struwwelpeter, mit dem Hoffmann dem Mädchen ein Denkmal setzte.

Nicht weit davon entfernt, im Gewann F, Nummer 22, liegt ein weiteres Vorbild Hoffmanns, das für seinen Zappel-Philipp. Erst vor wenigen Jahren konnte das Struwwelpeter-Museum nachweisen, dass
der dort bestattete Philipp Julius von Fabricius, geboren 1839, das
Urbild des Jungen war, der so gerne mit dem Stuhl schaukelte. Sein
Vater war ein Kollege Hoffmanns. Philipp, offenbar ein Kind, bei
dem man heute eine Aufmerksamkeitsdefizit-Störung diagnostizie-
ren würde, war im gleichen Alter wie Hoffmanns Sohn Carl, für den
dieser den Struwwelpeter 1844 als Weihnachtsgeschenk verfasste.

74 Petrihaus
Bettine und ihre Töchter
Rödelheim, Am Rödelheimer Wehr 15

Dass Frankfurt ein Zentrum der Romantik war, ist seit einigen Jahren in aller Munde. Während das Deutsche Romantik-Museum erst gebaut wird, gibt es im per se nicht unbedingt romantischen Rödelheim einen Ort, der an Romantik kaum zu überbieten ist: das Petrihaus. Es ist das am besten erhaltene Gebäude aus dieser Epoche. Seit 1819 war es im Besitz Georg Brentanos, der das kleine Schweizerhäuschen viele Jahre lang als Landsitz nutzte. Er war der Bruder des Dichters Clemens von Brentano sowie der Dichterin und Goethe-Freundin Bettina von Arnim, die ihn oft in Rödelheim besuchte und das Haus 1825 sogar in einem Gemälde verewigte. Auch Persönlichkeiten wie Adele Schopenhauer, Marianne von Willemer und Goethe besuchten ihn dort.

Ab 1829 lebten die beiden Töchter Bettina von Arnims, Maximiliane und Armgart, 12 und 9 Jahre alt, für fünf Jahre bei ihrem Onkel. Maximiliane erinnerte sich in ihren Memoiren an das poetische Petrihaus, „in dem der Onkel wohnte und auch ganz alleine schlief. Es lag unter einer Platane nahe beim Niddawehr, so dass man immer das sanfte Rauschen des Wasserfalls hörte." Lauschige Badeplätze in dem englischen Garten, den ihr Onkel gestaltete, boten den Mädchen die Möglichkeit, wie Nymphen in die Nidda einzutauchen. In der Nähe des heutigen Wehrs steht ein weißes, klassizistisches Tempelchen, das als Bade- und Gartenhaus diente.

Dass das bis Ende der 1990er Jahre heruntergekommene Häuschen wieder so glänzend dasteht, ist engagierten Bürgern um den ehemaligen Fraport-Chef Wilhelm Bender zu verdanken. Zwei Rödelheimer Mädchen, die Schauspielerin Susanne und ihre Schwester, die Sopranistin Christine Schäfer, trugen ebenfalls dazu bei.

75 Pik-Dame
Facettenreich

Bahnhofsviertel, Elbestraße 31

Die alte Dame des Frankfurter Bahnhofsviertels mit ihren roten Wänden und den Karussellpferden an der Bar ist ein vielseitiges Mädchen. Sie ist einer der ältesten Nachtclubs des Kiez, plüschige Adresse für Striptease, Travestie, Livemusik, Disco und auch für ein Tête-à-Tête beim Sekt im Zweier-Separee. Hermann Gauß eröffnete die Pik-Dame bereits 1963, damals als eine Mischung aus Kabaretthaus und Tanzrevue. „Cabaret" steht noch heute in Leuchtreklame an der Hauswand, und so stellt man sich gerne den Kit Kat Club vor, in dem Liza Minelli im gleichnamigen Film in den 1930er Jahren als Sally Bowles lasziv auf dem Stuhl tanzte.

Doch ein Striptease bestand in den 1960ern auf der Bühne aus züchtigen Bewegungen zur Musik. Sängerinnen, Feuerschlucker, Schlangenfrauen, sie alle standen dafür in der Pik-Dame auf der Bühne. Zuhälter in teuren italienischen Anzügen, Nutten und spendable Gäste feierten bis zum Morgengrauen. Dann kam die Zeit der Table-Dance-Bars und die nackte Haut verdrängte die Shows.

Heute knüpfen Gauß' Söhne Oliver und Thorsten, die die Animierbar betreiben, an die alten Zeiten an. Am letzten Sonntag im Monat sorgen Gabriel Groh und der Travestiekünstler Bäppi LaBelle für Musik, Zauberei, Kleinkunst und ein kleines bisschen Haut. Seit mehr als zehn Jahren gibt es den Pik-Sonntag schon, den der mittlerweile verstorbene Journalist und Bahnhofsviertel-Kenner Thorben Leo gemeinsam mit Groh aus der Taufe hob. Und natürlich macht die „Pik" ihrem Namen Ehre und bietet auch einen Abend im Zeichen der Frau: „Mädchen legen auf" heißt die Reihe, die sich dort etabliert hat. Frauen am DJ-Pult legen Hip Hop, Classics und Musik aus den Charts auf. Männer dürfen natürlich mitfeiern.

76 Politik im Wohnzimmer
Mehr Einfluss in der Kommune

Bockenheim, Bockenheimer Landstraße 109

Heute scheint es selbstverständlich, dass Frankfurt jahrzehntelang von einer Oberbürgermeisterin regiert wurde. Zu verdanken ist das auch Jenny Apolant, einer Frankfurter Kommunalpolitikerin der ersten Stunde. Bereits in ihrer Heimatstadt Berlin engagierte sich die junge Frau, die aus der Familie des Politikers Walter Rathenau stammte, im Allgemeinen Deutschen Frauenverein (ADF). Mit ihrem Mann Hugo, einem bekannten Krebsforscher, und ihrer Tochter kam sie im Jahr 1900 nach Frankfurt.

In ihrer Privatwohnung in Bockenheim richtete sie 1907 auf Initiative des ADF, der in Frankfurt als erste Organisation für die Ideen der Frauenbewegung eintrat, die Auskunftsstelle für die Gemeindeämter der Frau ein. Fast sechs Jahre lang untersuchte sie dort Arbeitsbedingungen und bereitete Frauen darauf vor, kommunale Aufgaben zu übernehmen. Sie richtete eine Stellenvermittlung ein, es gab Rechtsberatung und eine Abteilung Frauenbildung. Ziel war es, qualifizierte Arbeitsplätze in der Sozialarbeit aber auch als höhere Beamtinnen zu finden, zu denen Frauen bis dato kaum Zugang hatten. Zudem ging es um politischen Einfluss von Frauen innerhalb der Kommune. Ab dem 15. Mai 1913 konnte sich der Verein Büroräume in der Hochstraße 49 leisten. Apolant leitete die Zentralstelle bis zur inflationsbedingten Auflösung zu Beginn der 1920er Jahre und organisierte zugleich den „Verband Frankfurter Frauenvereine".

Sie selbst trat 1918 in die liberale Deutsche Demokratische Partei ein und zog im April 1919 erstmals mit zehn weiteren Frauen ins Stadtparlament ein. Nach dem Tod ihres Mannes lebten sie und ihre Tochter mit einer Freundin und deren Kind zusammen. Sie starb am 5. Juni 1925 an einem Herzleiden.

77 Privatmuseum
Werbeikone auf dem Panther

Innenstadt, Seilerstraße 34

Im 19. Jahrhundert war die „Ariadne auf dem Panther" eine internationale Berühmtheit. Sie residierte in ihrem eigenen Haus, übrigens dem ersten der Öffentlichkeit zugänglichen Museum der Stadt. Der Stuttgarter Bildhauer Johann Heinrich von Dannecker schuf zwischen 1803 und 1814 aus weißem Marmor das Abbild der Prinzessin aus Kreta, die dem Königssohn Theseus mit Hilfe des sprichwörtlich gewordenen Ariadnefadens aus dem Labyrinth half. Dannecker ließ sie auf einer Raubkatze ruhen und beschwor damit die Bezähmung der Wildheit durch die Schönheit.

Dem Frankfurter Bankier Simon Moritz von Bethmann ist es zu verdanken, dass die Skulptur den Weg an den Main fand. Er schnappte sie dem russischen Zaren weg, der die Ariadne unbedingt haben wollte. Zugleich sorgte er dafür, dass alle sie sehen durften. Er ließ einen klassizistischen Pavillon im Bethmannpark an der Friedberger Anlage erbauen. Das Gebäude, in den 1920er Jahren vom Architekten Martin Elsaesser umgebaut, war danach Restaurant, ein „Ballsaal Odeon" und wird heute als Diskothek genutzt.

Damals löste die Skulptur eine wahre Wallfahrt nach Frankfurt aus, wie Bethmann selbst 1816 schrieb. Ab 1853 ließ er sich ein neues „Ariadneum" an seine Villa am Friedberger Tor anbauen; die Dame mit Raubtier zog um. Die Begeisterung für sie hielt an. Selbst auf Postkarten war sie als eine der Sehenswürdigkeiten der Stadt abgebildet. Sie wurde für politische Karikaturen verfremdet und zur Werbung genutzt. So gab es „extrafeine Frankfurter Würste Marke Ariadne". In einer Bombennacht im Oktober 1943 wurde ihre Behausung zerstört und sie schwer beschädigt. Die Reste kamen ins Liebieghaus. Dort wurde die Ariadne in den 1970er Jahren wiederhergestellt.

78 Rosental
Das Rotlichtviertel
Innenstadt, rund um die Berliner Straße

Die Frankfurter Rotlichtbetriebe im Bahnhofsviertel waren den Stadtpolitikern in den 1980er Jahren ein Dorn im Auge, so dass sie sie ins Ostend verlegen wollten. Früher lag das Quartier für käuflichen Sex noch zentraler. An einem Messeort wie Frankfurt gehörten die Huren zum Stadtbild dazu, sie lebten über alle zentralen Gassen verteilt. In der Kleinen Mainzer Gasse, am westlichen Ende der Altstadt, unterhielt die Stadt selbst zwei Bordelle. Darüber hinaus entstanden Mitte des 15. Jahrhunderts zunehmend privat betriebene Einrichtungen.

Um die Prostitution besser zu kontrollieren, wurde schließlich das sogenannte Rosental als dezidierter Bereich für die Prostitution ausgewiesen. Das war ein kleines Gebiet der Altstadt, das sich rund um die Rosengasse erstreckte. Es ist heute zwischen der Katharinenpforte, dem Kleinen und Großen Hirschgraben, zu dem die Rosengasse etwa parallel verlief, und der Schüppengasse, wo das Gelände des ehemaligen Bundesrechnungshofs entwickelt wird, anzusiedeln. Im Jahr 1479 sollen sich 39 „gemeine Weiber" im Rosental angeboten haben, so schreibt Johann Georg Battonn. Gleich nebenan lag das Weißfrauenkloster, wo zunächst dem Gewerbe abschwörende Prostituierte, schließlich auch unverheiratete Bürgertöchter – und sogar die Tochter Kaiser Friedrichs II., die ihrem gewalttätigen Gatten davongelaufen war – versorgt wurden.

Erst das völlige Verbot der Prostitution in der Stadt im Zuge der Reformation im Jahre 1560 setzte dem florierenden Gewerbe im Rosental ein offizielles Ende. In den 1930er Jahren etablierte sich in der Nachbarschaft des Goethehauses übrigens die Homosexuellen-Szene, bis die Häuser durch die Nationalsozialisten abgerissen wurden.

79 Ruhbank
Ein Platz für die kurze Rast
Niederrad, in Höhe Kennedyallee 74

Es ist eine unscheinbare Steinbank, die da an der Kennedyallee steht. Die meisten fahren achtlos vorbei. Denn Fahrzeuge haben sie nutzlos gemacht, die „Ruh", die in früheren, nicht mobilen Zeiten so wichtig war, um Lasten abzusetzen und einen Moment zu pausieren auf dem Weg nach Frankfurt oder in den Süden. Hausierer und Träger konnten ihre Kiepen und Körbe, die sie auf dem Kopf oder Rücken transportierten, bequem auf dem oberen Balken abstellen. Meist standen die Bänke an schattigen Plätzen unter Bäumen.

Frauen, die vom Feld und aus dem Wald kamen oder Lebensmittel zum Markt transportierten, setzten ihre Körbe auf der Bank ab oder lehnten ihre sogenannten „Boärre" mit aufgelesenem Holz daran, um sich auszuruhen oder sich auf dem Weg in die Stadt ein bisschen herzurichten und die Haare oder das Kopftuch in Ordnung zu bringen. In der Frankfurter und Hanauer Gegend trugen die Bänke auch den Namen Mahnsteine. Das umgangssprachliche Wort Manne bezeichnete damals einen Korb ohne Henkel.

Im Elsass und der Pfalz war die Bezeichnung „Napoleonsruhe" oder „Napoleonsbank" verbreitet. Nicht verbürgt ist die Geschichte, dass dem Französischen Kaiser oder seiner Gattin Marie Louise aufgefallen war, dass schwangere Frauen nach einer Rast die getragenen Lasten nicht ohne fremde Hilfe wieder hochheben konnten. Der Kaiser habe daher nach der Geburt seines Sohnes angeordnet, dass an geeigneten Stellen solche Steinbänke aufgestellt wurden.

Auch bei Bergen-Enkheim steht übrigens noch eine „Ruh" mit zwei Balken und der eingravierten Jahreszahl 1766. Dort erinnert die Straße „An der Ruhbank" an den Aufenthaltsort.

80 Schauspielschule
Mathilde Einzig
Bockenheim, Bockenheimer Landstraße 8

Am Schauspielhaus gehörte sie zu den beliebtesten Darstellerinnen, sie führte selbst Regie und begründete im Jahr 1919 die Frankfurter Schauspielschule im Palais Oppenheimer in der Bockenheimer Landstraße mit, wo sie auch lehrte. Mathilde Einzig ist ein Beispiel dafür, wie emanzipiert Künstlerinnen in den 1920er Jahren in Frankfurt waren. Sie stammte aus einer Musikerfamilie, ihr Vater war Konzertmeister an der Frankfurter Oper. Als 16-Jährige sprach sie am Schauspielhaus vor und wurde 1902 zunächst an der Oper engagiert. Einige Jahre später wechselte sie ans Schauspielhaus, wo sie zahlreiche Rollen spielte und vor allem später als Komische Alte beliebt war. 1931 inszenierte sie den Roman „Emil und die Detektive" sowie das Adolf-Stoltze-Volksstück „Alt Frankfurt".

Sie trat auch bei den ersten Römerberg-Festspielen 1932 im „Egmont" von Goethe auf. Ein Jahr später wurde sie wie viele andere jüdische Mimen nach der nationalsozialistischen Machtübernahme durch „arische Schauspieler" ersetzt. 17 ihrer jüdischen Kollegen am Schauspielhaus wurden schon im April 1933 auf Betreiben der Nationalsozialisten entlassen. Sie blieb aufgrund ihrer langen Zugehörigkeit zunächst verschont. Daraufhin bereitete sie mit ihrem Mann die Ausreise in die Schweiz vor und erhielt für ihr „freiwilliges" berufliches Ausscheiden eine Abfindung von 5.000 Reichsmark. Von der Schweiz aus emigrierte die Familie 1934 nach Palästina. 1947 kehrte sie nach Europa zurück. Nach Frankfurt kam sie ab 1949 für mehrere Gastspiele, für die sie in Volksstücken wie „Die Fünf Frankfurter" Erfolge feierte. Von 1957 bis zu ihrem Tod 1963 lebte sie wieder hier und erhielt 1957 die Ehrenmitgliedschaft der Städtischen Bühnen.

81 Schuhmuseum
Lustobjekte mit Geschichte
Offenbach, Frankfurter Straße 86

Ja, an dieser Stelle muss auch mal das Klischee bedient werden. Die meisten Frauen lieben nun mal Schuhe und Handtaschen. Deshalb erlauben wir uns einen Abstecher in unsere Nachbarstadt Offenbach, die weltweit das einzige Ledermuseum zu bieten hat und darin mit 15.000 Objekten eine bedeutende Schuhsammlung sowie europaweit die größte Sammlung an Handtaschen.

In mehreren Räumen kann Frau dort in Formen und Modellen schwelgen, 15-Zentimeter-Plateauschuhe von Vivienne Westwood und klassische Louboutins bewundern, aber auch einiges über ihre Ursprünge lernen. Die klassische Sandale zählt zu den Urformen des Schuhs und hat sich kaum verändert. Und im ägyptischen Theben trugen die Menschen vor Christi Geburt bereits lederne Slipper. Eines der Prachtstücke der Sammlung ist ein solcher Halbschuh aus weißem und vergoldetem Leder, eine Grabbeigabe aus dem 3. bis 6. Jahrhundert n. Chr.

Das Schuhwerk berühmter Frauen wie der Kaiserin Sissi oder der Sängerin Zarah Leander, die übrigens auf sehr großem Fuß lebte, sind ebenfalls in den Vitrinen zu sehen. Selbst Joschka Fischer hat seine berühmten weißen Turnschuhe, mit denen er als erster grüner Minister in Hessen den Amtseid ablegte, als Leihgabe zur Verfügung gestellt. Die japanische Kronprinzessin Masaiko trug bei ihrer Hochzeit 1993 übrigens eine Tasche aus Rosshaar von der Firma Comtesse aus Obertshausen. Eine solche ist im Museum zu sehen, wie auch weitere Produkte aus der früheren Ledermetropole Offenbach. Nur schade, dass viele der Handtaschen aus der Sammlung derzeit nicht ausgestellt sind. Sonst könnten sich die Besucherinnen über noch mehr Lustobjekte freuen.

82 Schumann-Villa
Mehr als eine Klavierspielerin
Westend, Myliusstraße 32

In der neoklassizistischen Villa im Westend lebte fast 20 Jahre lang die wohl berühmteste Pianistin des 19. Jahrhunderts. Doch Clara Schumann war mehr als das. Sie feierte Erfolge als Komponistin, war gefragte Gesprächspartnerin für viele Künstler, außerdem Ehefrau und Mutter. Mit neun Jahren trat sie als Wunderkind am Klavier, das vom ehrgeizigen alleinerziehenden Vater gefördert wurde, erstmals auf. Für Frauen war es damals eine Seltenheit, Improvisations- und Kompositionsunterricht zu erhalten. Zugleich vereinnahmte der Vater sie und wollte sogar ihre Heirat mit dem Komponisten Robert Schumann im Jahr 1840 verhindern, so dass ein Gericht die Erlaubnis aussprechen musste.

Dennoch entwickelte sich Clara Schumann zur starken Persönlichkeit, die selbst als achtfache Mutter noch komponierte und ihre eigenen Konzerte managte. Dabei ließ sie sich nicht auf Salon-Stückchen reduzieren, sondern spielte auch Sonaten und Klavierkonzerte von Beethoven. Dafür wurde sie europaweit gefeiert und geehrt. Sie interpretierte zudem die Werke ihres Mannes und sorgte damit auch für seinen Ruhm als Komponist. Nach seiner Einlieferung in eine Heilsanstalt im Februar 1854, wo er zwei Jahre später starb, ernährte sie mit ihren Tourneen die Familie alleine.

Nach Frankfurt kam sie 1878 im Alter von 59 Jahren. Als erste und zu dem Zeitpunkt einzige Frau wurde sie als Klavierlehrerin an das neu gegründete Dr. Hoch'sche Konservatorium berufen. Ihre Schüler kamen aus England, Italien und Amerika. Darüber hinaus veröffentlichte sie die Werke ihres Mannes. Ihr letztes Konzert gab sie 1891 im Alter von 71 Jahren in Frankfurt, sie starb fünf Jahre später.

Schuhe selbst designen
im 1.OG Schuhabteilung
ShoeVita

ShoeVita

Schuhe selbst designen

83 ShoeVita
Traumfabrik für Schuhe
Innenstadt, Zeil 116-126

101 Frauenorte - böse Zungen sagen, das sind 101 Schuhgeschäfte. In Frankfurt muss die Verbindung der Frau zu ihrer Fußbekleidung besonders eng sein. Denn hier haben zwei von ihnen sogar eine Traumfabrik für Schuhe eingerichtet. Gabriele Sosnizkij und Katherina Engelhard haben die Liebe zu Pumps und Stiefeln und die häufig damit einhergehende Verzweiflung, nie den richtigen Schuh zu finden, zur Geschäftsidee erkoren. 2014 gingen sie mit ihrer Online-Plattform ShoeVita an den Markt. Dort kann sich Frau die Schuhe individuell gestalten. Vierfarbige Chelsea-Boots, Stilettos mit Silberabsatz und blauer Sohle, Pumps mit Glitzerschleife - der Fantasie sind keine Grenzen gesetzt. 20 Schuhmodelle, Kalbsleder in 70 Farben, dazu Schleifen und Bänder stehen zur Auswahl. Der Konfigurator im Internet, der so funktioniert wie beim Neuwagenkauf, bietet Trilliarden Möglichkeiten. Jeder Schuh wird dann nach den Vorstellungen der Bestellerin individuell in einer Manufaktur in Polen hergestellt - per Hand.

Dass sich das Geschäft mit der Handarbeit lohnt, liegt daran, dass die Leisten und Schnittmuster für die Modelle nur einmal produziert werden müssen, erläutern die beiden Studienfreundinnen, die auch einen Show-Room in der Eckenheimer Landstraße betreiben. Viele Bräute sind dort anzutreffen, die nach etwas Spannenderem als dem üblichen weißen Pumps suchen.

100 bis 150 Schuhe im Monat werden gefertigt. Doch es könnten bald mehr sein. Der Einzelhandel fand das Konzept überzeugend. So vereinbarte Galeria Kaufhof eine Zusammenarbeit mit den beiden Unternehmerinnen und richtete in der Schuhabteilung eine Fläche mit Mustern und Konfigurator ein.

STIFTUNG
1815.

84 Städelschönheit
Das unerreichbare Ideal
Sachsenhausen, Schaumainkai 63

Was ist eigentlich schön? Da gehen die Meinungen auseinander. Das Bild der Schönheit hat sich zudem im Laufe der Jahrtausende immer wieder gewandelt. Doch schon immer eifern die Menschen geradezu übernatürlichen Vorbildern nach, um dem Schönheitsideal ihrer Epoche zu entsprechen. Ein solches „Weibliches Idealbildnis" schuf Sandro Botticelli um 1475. Es ist heute eines der bekanntesten Werke des Frankfurter Städel Museums.

Die Experten gehen davon aus, dass es Simonetta Vespucci zeigt, die damals als schönste Frau der Stadt Florenz galt. Botticelli malte sie mit makellosem Teint, schlankem Hals und hoher Stirn. Doch so perfekt herausgeputzt, wie dargestellt, dürfte sie nie aufgetreten sein. Ihre mit Perlen, Bändern und Reiherfedern geschmückten offenen Haare, die damals für verheiratete Frauen als unschicklich galten, seien selbst für florentinische Verhältnisse zu raffiniert, sagen die Experten. Eine Zeichnung in Oxford zeigt zudem ein herberes Profil der Simonetta mit einer längeren Nase.

Während das Botticelli-Meisterwerk im 15. Jahrhundert vermutlich in einem Florentiner Palazzo hing und damit nur wenigen Betrachtern zugänglich war, sind heute die Bilder von schönen Frauen in den Medien allgegenwärtig. Ein Überangebot an weiblichen Idealbildnissen mit entsprechend retuschierten Fotos in Werbespots, Anzeigen oder auf Plakaten bestimmt, was schön ist. Der Druck auf Frauen, diesem Bild nachzueifern, ist entsprechend größer. Wie tröstlich ist es da zu wissen, dass es offenbar schon der schönen Simonetta nicht möglich war, diesem Ideal zu entsprechen.

85 Stadion am Brentanobad
Frauen und Fußball
Rödelheim, Rödelheimer Parkweg 39

Wenn man die Stimmung bei Fußballspielen in dem Stadion erlebt oder wenn die Fans der Frauennationalmannschaft auf dem Römerbalkon zujubeln, dann ist es nur schwer vorstellbar, dass der organisierte Frauenfußball noch bis in das Jahr 1970 verboten war. 15 Jahre lang hatte der DFB seinen Vereinen damals untersagt, die Sportart anzubieten. Die Begründung lautete, sie sei eine Kampfsportart, die der Natur der Frau fremd sei. Heute sind mehr als eine Million und damit 15 Prozent der Mitglieder des DFB weiblich.

Am Brentanobad spielen seit 1999 die wohl besten deutschen Fußballerinnen. Der 1. FFC war insgesamt sieben Mal Deutscher Meister und neun Mal DFB-Pokalsieger. 2015 gewannen die Frankfurterinnen zum vierten Mal die Champions League. Wie schnell sich der Frauenfußball professionalisiert hat, zeigen schon die Trainingszeiten. Anfangs standen die Spielerinnen des 1. FFC drei- bis viermal die Woche abends nach sieben Uhr auf dem Platz, denn sie waren alle berufstätig. Seither hat sich das Trainingspensum mehr als verdoppelt. Heute kümmert sich ein Stab von Physiotherapeuten, Ärzten und Fachleuten um die Spielerinnen. Nur beim Image und der gesellschaftlichen Akzeptanz der Sportart ist noch Luft nach oben, jedenfalls, so lange Spielerinnen wie die Frankfurter Weltfußballerin Birgit Prinz Sätze sagen müssen wie: „Wir möchten unseren Sport vermarkten, nicht unseren Hintern."

Der 1. FFC teilt sich das 1940 eingeweihte, 1992 neu eröffnete und aktuell frisch sanierte Stadion am Brentanobad übrigens mit den männlichen Kollegen vom ESV Blau-Gold und von Rot-Weiß-Frankfurt, wo einst auch Alexander Schur und Jürgen Klopp auf dem Rasen standen.

86 Start der HIV-Medizin
Die AIDS-Ärztin

Niederrad, Theodor-Stern-Kai 7

Der Grundstein der deutschen HIV-Medizin wurde in Frankfurt gelegt. Die damalige Oberärztin an der infektiologischen Abteilung des Universitätsklinikums Frankfurt, Eilke Brigitte Helm, hat deutschlandweit die ersten AIDS-Patienten behandelt. Ende Juni 1982 war der erste Betroffene in der Sandhof-Klinik aufgenommen worden, die Anfang der 1960er Jahre als Versorgungsstation für Pockenkranke gebaut worden war. Er war Ende dreißig, abgemagert, hatte hohes Fieber. Der Ärztin wurde schnell klar, dass es sich bei seiner Infektion um den im Jahr zuvor erstmals in den USA beschriebenen Immundefekt handeln musste. Weitere Patienten folgten, so dass Eilke Brigitte Helm schon Ende des Jahres die ersten deutschen AIDS-Fälle publizierte.

Damals war die Infektiologie nur ein Randgebiet der Inneren Medizin. Auch der Umgang mit den Patienten war schwierig, es gab in den ersten Jahren immer wieder Chirurgen, die aus Angst vor Ansteckung nicht operieren wollten und Eingriffe verzögerten. 1983 kamen sieben weitere Patienten in die Abteilung, deren Krankheitsverläufe Helm ebenfalls dokumentierte, Patientenmaterial einfror und sogar deren Geschlechtspartner untersuchte. Um mehr Material zu erhalten, veranstaltete sie Informationsabende in Schwulen-Kneipen, hielt Vorträge und ermutigte die Männer, sich testen zu lassen. Im Herbst 1984 hatte das Institut, das bis heute im Haus 68 angesiedelt ist, bereits 450 Menschen untersucht. Mit ihrer Dokumentation legte Helm den Grundstein für die sogenannte Frankfurter Kohorte, die bis heute für fast jeden möglichen Infektionsverlauf von AIDS Beispiele gibt. Mittlerweile ist die vielfach ausgezeichnete Professorin 80 Jahre alt und im Ruhestand, berät aber immer noch Doktoranden.

87 Steinernes Haus
Pionierin des Frauenfußballs
Innenstadt, Braubachstraße 35

Als beliebter Treffpunkt der Römer-Politiker ist das Steinerne Haus bekannt. Am 29. Januar 1930 aber schrieb die Ebbelwei-Wirtschaft Geschichte. Damals gründete die Eckenheimerin Lotte Specht dort mit weiteren Frauen den 1. Deutschen Damen Fußballclub (1. DDFC). Sie schaffte es sogar auf die Titelseite des Illustrierten Blatts, das über den ersten reinen Frauenfußballverein berichtete.

Als 19-Jährige hatte sie eine Anzeige in den Frankfurter Nachrichten aufgegeben. So fand sie 35 Mitstreiterinnen für den für Frauen damals als unschicklich geltenden Sport. Gespielt wurde auf der Seehofwiese in Sachsenhausen, wo frei zugängliche Tore standen. Lotte Specht stand als Stürmerin vorne. Mit der Zeit schafften sich die Spielerinnen weiße Trikots an und nähten das Frankfurter Wappen darauf. Zum Schutz vor den Kopfstößen trugen sie Baskenmützen. Bis zu einem Freundschaftsspiel gegen eine Männermannschaft in Frankenthal brachten sie es.

Dank der Presseberichte war Lotte Specht Gesprächsthema in der elterlichen Metzgerei im Gallusviertel. Die Frauen wurden aber immer stärker zum Ziel männlicher Diffamierungen und wüster Beschimpfungen. Einige Eltern verboten ihren Mädchen daher das Spielen, und so löste sich der 1. DDFC nach eineinhalb Jahren auf. Specht entdeckte ihr Schauspieltalent, trat im Nachkriegskabarett auf und gründete 1955 die Frankfurter Mundartbühne mit. Erst im Alter wurde sie als Pionierin des Frauenfußballs gefeiert. Im Rückblick sprach sie offen über die Spielerinnen. Unter ihnen seien sehr begabte und kräftige gewesen, lesbische auch, aber darüber sei nie geredet worden. Lotte Specht starb 90-jährig am 10. Februar 2002. Seit Kurzem erinnert ein Park im Gallusviertel an sie.

88 Stiftung Maecenia
Frauen stärken
Dornbusch, Gustav-Freytag-Straße 27

Ob Buchprojekte, Filme, Theaterstücke oder Forschungsvorhaben etwa über eine Frauenbibliothek – was Maecenia auf den Gebieten der Wissenschaft, Kunst und Kultur unterstützt, ist vielfältig. Es muss aber von Frauen initiiert und zukunftsweisend sein. Die meisten öffentlichen und privaten Fördermittel würden immer noch Männer einstreichen, stellt die Stifterin Eva Brinkmann to Broxten fest. Deshalb entschied sich die Wissenschaftlerin und Frauenforscherin, die sich seit 40 Jahren in der Frauenbewegung engagiert, im Jahr 2010, die „Frankfurter Stiftung: Maecenia" zu gründen. Aus eigener Erfahrung hat sie festgestellt, dass Frauen oft mehr Ermutigung durch Mentorinnen brauchen. Außerdem ist sie überzeugt davon, dass fortschrittliche Ideen nicht immer in etablierten Institutionen reifen. Auch in der Frauenbewegung seien es oft kleine Initiativen gewesen, die Anstöße für Neuerungen gegeben haben. Ihr Motto lautet: „Wer Frauen stärkt, verändert die Welt."

Alle zwei Jahre unterstützt Maecenia deutschlandweit gut ein halbes Dutzend Vorhaben, dazu gibt es noch einen Feuerwehrtopf für Projekte im Rhein-Main-Gebiet. Da meist mehr Bewerberinnen als Mittel da sind, berät die Stiftung auch Frauen, die Mittel für ein Kunst- oder Wissenschaftsprojekt suchen und stellt schon mal Kontakte zu anderen fördernden Stiftungen und Institutionen her. Denn Maecenia ist unter anderem durch das Engagement im „Forum Frauen und Stiftungen" des Bundesverbandes Deutscher Stiftungen gut vernetzt. Zudem organisiert die Initiative die Veranstaltungsreihe „Königinnenwege", mit der sie den wissenschaftlichen und künstlerischen Arbeiten von Frauen zu mehr Öffentlichkeit verhelfen will.

89 Sündige Mode
Geschnürt und nicht geschüttelt
Innenstadt, Töngesgasse 7

Immer mehr prominente Frauen tragen derzeit Korsetts als Taillentrainer, um den Umfang ihrer Körpermitte zu minimieren. Schon Marilyn Monroe oder Brigitte Bardot wurden für ihre Sanduhr-Silhouette bewundert und begehrt. Doch ein Korsett als Kleidungsstück kann auch einfach nur schön aussehen. Wer solch edlen Blickfang sucht, der wird in der Töngesgasse fündig. Michael Lamanns „Sündige Mode" ist dort seit Oktober 2004 zu finden und hat sich auf Korsetts spezialisiert. Gut 20 Kilometer Band und Schnur hat er seitdem verschnürt, rechnet er gerne vor.

Bei unterschiedlichen Firmen in Berlin werden die edlen Stücke nach individuellen Wünschen angefertigt. Zur Auswahl stehen klassische Stoffe wie Seide, Samt, Satin und Brokat, dazu Schleifen, Paspeln und Borten, aber auch Leder, Lack und Lurex. In dem 35 Quadratmeter großen Laden gehen Bräute, die ein besonderes Hochzeitskleid suchen, ebenso ein und aus wie Burlesque-Fans, die gleich noch Hütchen, Kämme, Federschmuck und die typischen Tuffles für die Brüste mitnehmen oder Gothic- und Fetisch-Fans, die schwarze Mode oder Halsbänder kaufen. Die bekannte Frankfurterin Sonya Kraus empfiehlt die „Sündige Mode" sogar in einem ihrer Bücher, weil sie sich dort ab und zu für ihre „talk-talk-talk"-Moderationen ausstattete.

Seit zehn Jahren veranstaltet Lamann auch Korsett-Partys, bei denen die schönen Stücke ausgeführt werden können. Burlesque-Abende oder auch Masken-Events – natürlich hat Lamann auch venezianische Masken im Angebot – etwa in der Pik Dame oder im Roomers sind ohnehin gerade en vogue. Nicht nur Frau sollte sich dafür stilvoll kleiden, für Männer empfiehlt sich ein schicker Abendanzug – gerne auch mit Herrenkorsett.

90 Tatort Himmelbett
Schöner als die Nitribitt

Gutleutviertel, Gutleutstraße 85

Der Maler Gerhard Richter hat Helga Matura als lächelnde Frau ver-
ewigt und ein weiteres Mal mit ihrem Verlobten Rainer Gutherz.
Mit ihm wollte die Frankfurter Edelprostituierte in ein bürgerliches
Leben zurückfinden. Doch es kam nicht dazu. Am 27. Januar 1966
wurde Helga Matura vor ihrem Himmelbett ermordet aufgefunden.
Getötet mit 16 Stichen eines Pfeifenbestecks, achteinhalb Jahre
nach dem Mord an ihrer berühmten Kollegin Rosemarie Nitribitt.

Beide Kriminalfälle, die das Land erschütterten, wurden nie aufgeklärt. Die Berichterstattung zeichnet jedoch ein Bild der damaligen
Bundesrepublik, in der die öffentliche Moral selbst Ende der 1960er
Jahre den Mord noch als folgerichtiges Ende einer Sünderin ansah.
Maturas Leiche musste in Recklinghausen, weil Grab-Anlieger pro-
testierten, im Morgengrauen beerdigt werden. Zugleich ergötzte
sich die Boulevardpresse an den unverhüllten Einblicken in Laster,
Lust und Luxus der einstigen Hutmacherin aus Bottrop, die die Geliebte des saudischen Prinzen Hussein gewesen sein soll.

In Frankfurt lebte sie seit 1962. Hier galt sie als Königin der Näch-
te, die den Vergleich mit der Nitribitt nicht scheuen musste. „Sie
ist noch schöner. Noch begehrenswerter. Und noch lasterhafter",
schrieb die Zeitschrift Quick nach ihrer Ermordung. Der „schamlo-
se Luxus", den sie lebte, mit Pelzen, fünfzig Paar Schuhen, dem sie-
bentausend Mark teuren Bett und einem üppigen Bankkonto wird
in der Presse genüsslich breitgetreten. Selbst in der Polizeiakte ist
verzeichnet, dass einer ihrer Kunden, der Sohn eines Metzgers,
gerne nackt und auf allen Vieren vor ihr grunzend herumgekrab-
belt sei und gerufen habe: „Fang das Schwein!"

91 Tilly-Fleischer-Eiche
Für Frankfurts größte Leichtathletin
Niederrad, Mörfelder Landstraße 362

Wer heute das Waldstadion über den Haupteingang betritt, der geht an einer Eiche vorbei. Gepflanzt wurde sie von der erfolgreichsten Leichtathletin der Frankfurter Sportgeschichte, der Olympiasiegerin im Speerwurf, Tilly Fleischer. Fast wäre ihr Talent unentdeckt geblieben, denn der damalige Leichtathletiktrainer der Sportgemeinde Eintracht, Otto Boer, befand die 15-Jährige für zu jung. Er hatte nicht mit ihrer starken Persönlichkeit gerechnet, die eine Genehmigung erwirkte, dass sie trainieren und dass sich bei der Eintracht eine Frauenabteilung gründen konnte.

Im Speerwurf wurde Ottilie Fleischer schon 1928 mit 16 Jahren Deutsche Vizemeisterin. Als Sprinterin gewann sie mit der 4-mal-100-Meter-Staffel zweimal die Deutsche Meisterschaft. Sie holte auch im Tennis und mit den Eintracht-Handballern den nationalen Titel. Bei den Olympischen Spielen in Los Angeles gewann sie 1932 die Bronzemedaille im Speerwurf. Der größte Erfolg aber gelang ihr bei den Spielen 1936 in Berlin. Mit einer Weite von 45,18 Metern stellte sie einen neuen olympischen Rekord auf. Ihr Sieg hatte auch eine politische Dimension. Zum Schlussbankett wurde sie dafür von Adolf Hitler zu seiner Tischdame erkoren, was ihr später immer wieder Kritik einbrachte.

Die Goldmedaille fand einen Ehrenplatz in der Metzgerei ihres Vaters in der Schäfergasse. Heute liegt sie im Eintracht Frankfurt Museum am Waldstadion, ganz in der Nähe der Olympia-Eiche, die sie 1936 pflanzte. Der Baum war ihr bei der Siegerehrung von Hitler persönlich überreicht worden. Weil er morsch war, wurde er 1998 vom Forstamt gefällt und sie pflanzte einen neuen. Tilly Fleischer starb im Juli 2005 im Alter von 93 Jahren.

92 Toilette im Tiger
Champagner auf dem Örtchen
Ostend, Heiligkreuzgasse 16-20

Von einem stillen Örtchen konnte in den 1990er Jahren im Tiger-palast keine Rede sein. Auf der Damentoilette des weltweit bekannten Varietés wurden gleich mehrere Bedürfnisse befriedigt. Denn neben den Kabinen öffnete sich das sogenannte „Separee Rosé", das der Champagnerhersteller Piper Heidsieck eingerichtet hatte. Wo kann man Frauen schließlich besser erreichen, als beim Warten vor der Toilette.

Schnell wurde das Separee zum beliebten Aufenthaltsort der weiblichen Gäste. Auf einem lachsrosa Ledersofa konnten sie sich nach der Show ungestört austauschen und dazu Rosé-Champagner genießen, lange bevor dieser zum beliebten Getränk jeder Nobel-Party wurde. Für Nachschub auf dem abgeschirmten Örtchen war stets gesorgt, denn das Separee hatte eine weitere wichtige Einrichtung: Eine Klingel, mit der die Kellner aus der nebenan liegenden Palast-bar gerufen werden konnten. Sie füllten die Gläser umgehend auf.

Das Kalkül des Gastronomen ging auf. Der Champagner floss zur damaligen Zeit in Strömen. Unternehmen und Topmanager feierten ihre erfolgreichen Abschlüsse gerne in gediegenem Ambiente und mit entsprechend hochkarätigem Showprogramm. Bei der Feier einer großen Werbeagentur sollen an einem Abend 78 Flaschen Champagner serviert worden sein. Die Klingel in der Damentoilette gibt es übrigens heute noch, im Gegensatz zum Separee. Champagner wird auf der Toilette heute leider nicht mehr serviert, die Klingel wurde stillgelegt.

93 Trickfilmatelier
Schattenhaftes made in Frankfurt

Praunheim, Heerstraße 184

Hinter der Fassade dieses Wohnhauses entstanden kleine Wunderwerke aus schwarzer Pappe. Welche unglaubliche Arbeit hinter den Scherenschnitt-Filmen Edeltraud Engelhardts steckt, das sieht der Betrachter erst auf den zweiten Blick. Mit unermesslicher Liebe zum Detail schnitt sie in der Tradition Lotte Reinigers einzelne Figuren und Hintergründe mit der Hand aus. Auf einer von unten beleuchteten Glasplatte arrangierte sie sie und verschob sie für jede Aufnahme mit der Kamera um wenige Millimeter, damit auf der Leinwand fließende Bewegungen entstanden. Allein 32.000 Einzelbilder machte sie für ihren 27-Minuten-Film „Zwerg Nase". Dass sie die Handlung in Frankfurt spielen ließ und als Kulissen den Römer, den Dom oder die Nikolaikirche nachbildete, macht ihn zu einem besonderen Schatz der Filmkunst.

Die studierte Chemikerin aus Halle, die mit ihrem Mann 1949 nach Frankfurt kam, arbeitete in ihrer Wohnung. Der Filmemacher Heiko Arendt, der bis 1998, gut ein Jahr vor ihrem Tod, einen Dokumentarfilm über sie drehte, erinnert sich, wie sie im Wohnzimmer am Schreibtisch saß und mit Bleistift, Schere und Pappe Figuren schuf. Im Schlafzimmer stand der Tisch mit Kamera, auf dem sie ihre Welten zum Leben erweckte. Oft waren es Märchenwelten, wie die des Fischers und seiner Frau.

Insgesamt fünf Scherenschnitt-Filme produzierte Edeltraud Engelhardt zwischen 1972 und 1999 und unterlegte sie mit selbst eingespielten Klavierklängen. Sie wurden schon damals bei Festivals im Kommunalen Kino und im HR-Fernsehen gezeigt. Dank Heiko Arendt liegen ihre Werke heute im Archiv des Deutschen Filminstituts, es gibt sie als DVD und sie sind ab und zu noch im Kino zu sehen.

94 U-Bahn-Heilige
Helferin in der Not
Sachsenhausen, U-Bahn-Station Schweizer Platz

Die gewölbte steinerne Bahnsteighalle der U-Bahn-Station Schweizer Platz erinnert an eine romanische Kirche. Dennoch würde man nicht sofort erwarten, dass an einer Wand der Station eine katholische Heilige steht, schon gar nicht im protestantischen Frankfurt. Hinter dem in die Innenstadt führenden Gleis steht aber tatsächlich die heilige Barbara, die zu den Vierzehn Nothelfern zählt und etwa bei Gewitter, Feuergefahr, Fieber und Pest angerufen wird. Der Legende nach wurde sie von einem Felsen geschützt, der sich öffnete und sie verbarg. Daher wählten die Bergleute sie zu ihrer Schutzpatronin. Und so fand sie auch den Weg ins unterirdische Frankfurt.

Der Schweizer Platz ist die erste U-Bahn-Station der Stadt, die vollständig bergmännisch errichtet wurde. Sie liegt unter einem Häuserblock und wegen der sich anschließenden Mainunterquerung tiefer als die übrigen Stationen. Eine Baugrube war daher nicht möglich, so dass man sich für die Neue Österreichische Tunnelbauweise entschied. Willy Orth, der Architekt der Station, ließ die heilige Barbara zur Eröffnung am 29. September 1984 installieren.

Auf einem Kranz umgeben sie die Vornamen bekannter Frankfurter Frauen, die die Patenschaft für die Tunnelröhren übernommen haben. Unter ihnen die Schauspielerin Liesel Christ und Sybille Babendererde, die Frau des damals bei Hochtief Verantwortlichen für den Bau. Roselinde Arndt, die Frau des früheren Oberbürgermeisters Rudi Arndt und die damalige Stadtverordnetenvorsteherin Frolinde Balser sind übrigens die Patinnen der beiden Röhren, die unter dem Main verlaufen. Für alle, die sich unwohl fühlen bei der Vorstellung, unter dem Fluss hindurch zu fahren, ist das vielleicht ein tröstlicher Gedanke.

95 Vespa-Stiftung
Sie rollt und rollt

Praunheim, Alt-Praunheim 44

Die Italiener nannten ihre Vespa früher liebevoll Signorina. Heute sitzen Frauen selbst im Sattel, auch in Frankfurt. Schließlich lautet der Slogan des italienischen Herstellers Piaggio nicht zu unrecht: „Wir fahren Vespa, Parkplätze suchen die anderen." Renate Gräfe besitzt gleich acht dieser legendären Roller. Der Älteste ist aus dem Jahr 1954. Dazu sammelt sie alles, was mit den Fahrzeugen zu tun hat, von Informationen über Zubehör bis zum Mini-Vespa-Modell in Fingernagelgröße. Dafür hat sie 2010 die erste Vespa-Stiftung Deutschlands gegründet, die die Kultroller erhält und präsentiert. Sie habe nicht gewollt, dass die stattliche Sammlung irgendwann auseinanderfällt, begründet sie den Entschluss. Auf einer alten Kegelbahn in Praunheim, mit Freunden und Helfern liebevoll in Eigenarbeit hergerichtet, will sie die Fahrzeuge, wie die silberne GS3 von 1960, auf Nachfrage Interessierten zugänglich machen.

Ihre Liebe zu dem legendären Gefährt entdeckte sie schon mit 18 Jahren und machte 1959 den Motorradführerschein. Doch fahren konnte sie die Vespa nicht richtig. Also blieb es bei der Bewunderung aus der Distanz, bis ihr 1998, kurz vor ihrem Ruhestand, ein Freund seine Vespa verkaufte.

Auch die Geschichte des 1946 in Italien erstmals gebauten Rollers hat sie für das Museum zusammengetragen. In Frankfurt wurde vier Jahre später die erste Vespa Deutschlands zugelassen und auch der erste Vespa-Club entstand am Main, hat sie dabei herausgefunden. Mit dem Vespa + Ape-Club Frankfurt Nord-West von 1959 präsentiert sie die Roller heute auf Märkten, bei Straßenfesten und Umzügen. Dann sitzt Renate Gräfe gerne auf ihrem Lieblingsroller, einer 50er Vespa LX – in leuchtendem Rosa.

96 Wasserhäuschen Fein
Büdchen mit Ambiente
Innenstadt, Petersstraße 4-6

Von der Zeil sind es nur ein paar Schritte, ebenso wie aus dem Nordend. Bei Elke Löscher treffen sich Shoppingmüde, Spaziergänger aus den angrenzenden Wallanlagen und Bewohner aus der Nachbarschaft. Sie sitzen bei leiser Musik auf Sesseln oder hübschen Eisenstühlchen und genießen bis in den Herbst hinein die Sonnenstrahlen. Sie können aber auch Bio-Eier kaufen, eine Flasche Wasser oder Lutscher und Gummitiere. Denn Elke Löscher betreibt kein Café, sondern ein Wasserhäuschen.

Sie hat das zuvor länger leerstehende Büdchen der Firma Jöst am Rande der Eschenheimer Anlage fein herausgeputzt mit schönen Zuckerdosen, Silbertabletts und täglich frischen Blümchen. Dazu gab sie ihm den entsprechenden Namen. Eine Journalistin schrieb über die neue Perle am Anlagenring, das „Fein" sei eine Mädchenzone. Damit liegt sie durchaus richtig, wenn man morgens die Mütter mit Kindern und Frauen mit Yogamatte beim Tee oder Cappuccino beobachtet. Doch auch ein paar Männer lassen sich Kaffee und selbstgemachten Kuchen schmecken und einmal die Woche das von Löscher in der kleinen Küche zubereitete Mittagsgericht.

Zur Arbeit hat es die frühere Beamtin nicht weit, sie wohnt fast gegenüber. Von ihrer Wohnung aus hatte sie das Wasserhäuschen stets im Blick und träumte schon länger davon, es zu übernehmen. Damit liegt sie im Trend, denn auch andere Büdchen der Stadt, wie das „Gudes" am Matthias-Beltz-Platz oder das „Durstlöscher" am Scheffeleck taten den Schritt in die Moderne. Damit retten die Betreiber nicht nur das Wasserhäuschen, sie schaffen eine Marktplatzatmosphäre, weit entfernt von der klassischen Trinkhalle, in der sich auch Frauen wohlfühlen.

97 Windsbraut
Schwere und Leichtigkeit
Höchst, Dalbergplatz

Über dem Dalbergplatz, im Zentrum von Höchst, schwebt eine Figur aus Edelstahl. Sie bewegt sich mit dem Wind, oder wird von ihm bewegt. Je nach Blickwinkel scheint sie sich mal bewusst in die Böen zu legen, mal hilflos von ihnen mitgerissen zu werden. Die in Frankfurt lebende Künstlerin E.R. Nele hat in der Stahlkonstruktion geschickt die Schwere und Leichtigkeit des Seins umgesetzt. Sie zeigt das, was die Menschen bewegt, die tagtäglich auf den Straßen rund um den Kreisverkehr unterwegs sind.

Nicht mehr viele Blicke der Passanten gehen heute nach oben, die „Windsbraut" steht schließlich schon seit 2008 auf dem Platz. Dabei war die fünf Meter hohe Plastik anfangs durchaus umstritten, zumal die Kosten dafür mindestens doppelt so hoch waren wie anfangs kalkuliert. Zu teuer, zu grau, zu abstrakt fanden sie viele. Den meisten ging es darum, wenigstens den Sockel zu ihren Füßen zu begrünen. Um das deutlich zu machen, stellte der Ortsbeirat zur offiziellen Einweihung der Skulptur gelbe Stiefmütterchen um sie herum. Heute umgibt sie ein Blumenbeet.

Eva Renée Nele Bode, die seit 1965 in Frankfurt lebt und sich in ihrem Atelier im Gallusviertel vor allem mit dem Thema Mensch beschäftigt, entwarf schon häufig Kunst für öffentliche Räume, so wie in Kassel und Bad Vilbel. Sie stellte auf der documenta aus, ist in der Neuen Pinakothek München und im Städel vertreten und wurde mehrfach mit Kunstpreisen geehrt. Die Kritiker der Windsbraut, die meist insgesamt mit der Attraktivität des Stadtteils hadern, haben übrigens eine ganz andere Interpretation des Werks gefunden. Wenn sie nach Norden ausgerichtet sei, könne man sie auch für einen aus Höchst flüchtenden Kunden halten.

98 Wohnhaus Wertheimer
Die Retterin der Kinder
Sachsenhausen, Unter den Kastanien 1

Vor der Tür des Hauses erinnert seit 2015 ein metallener Stolperstein an Dr. Martha Wertheimer, die, bevor sie im Vernichtungslager der Nationalsozialisten in Sobibor umkam, Hunderte jüdische Kinder aus Deutschland rettete. Sie leitete damals die Jugendfürsorge der Jüdischen Gemeinde in Frankfurt und organisierte von 1939 an für ganz Süd- und Südwestdeutschland Kindertransporte vorwiegend nach England, die sie zum Teil selbst begleitete.

Wertheimer verkörperte den Typ der modernen Frau der 1920er Jahre, selbstbewusst, erfolgreich sowohl beruflich als auch als Fechterin und Langstreckenschwimmerin. Die am 22. Oktober 1890 in Frankfurt geborene Journalistin hatte an der Universität Philosophie und englische Philologie studiert und wurde dort als eine der ersten Frauen promoviert. Von 1919 an war sie Kulturredakteurin der Offenbacher Zeitung. Sie trat zudem als Rednerin auf, gerne zu frauenspezifischen Themen. Darüber hinaus schrieb sie Stücke fürs Kindertheater und Romane, darunter unter Pseudonym einen Krimi.

Im Frühjahr 1933 wurde sie entlassen. Von da an arbeitete sie beim Israelischen Familienblatt mit. Nachdem für die Olympischen Spiele 1936 in Berlin die jüdischen Sportler aus den deutschen Mannschaften ausgeschlossen worden waren, verfasste sie mit zwei anderen eine Dokumentation und würdigte die Leistungen dieser Sportler. Für das Familienblatt reiste sie nach Palästina, kehrte aber im Herbst 1938 zurück. Im Mai 1941 wurde sie schwer verletzt, als eine Sprengbombe die Wohnung traf, in der sie mit ihrer sechs Jahre älteren Schwester Lydia, der Chefsekretärin von Richard Merton in der Metallgesellschaft, wohnte. 1942 wurden beide deportiert.

99 Wohnung und Atelier
Fotografin vor der Bühne
Westend, Oberlindau 51

Eine Plakette an der Ecke des Altbaus erinnert seit 2013 daran, dass dort mehr als 30 Jahre lang Abisag Tüllmann, eine der bekanntesten Theaterfotografinnen des 20. Jahrhunderts, lebte und arbeitete. Die kleine Bronze ist dem Stempel nachempfunden, mit dem diese ihre Bilder markierte. Drei Jahrzehnte lang begleitete sie namhafte Regisseure wie Claus Peymann, Peter Stein oder Einar Schleef und ihre Schauspieler. Ihr sei es oft gelungen, in nur einem Bild die Essenz einer ganzen Aufführung festzuhalten, sagte man von ihr.

Die gebürtige Westfälin aus Hagen, die mit bürgerlichem Namen Ursula Eva Tüllmann hieß, war zugleich Bildreporterin. Zunächst arbeitete sie für die Frankfurter Zeitungen, dann auch für Die Zeit und den Spiegel. Sie berichtete von alltäglichen Situationen und politischen Ereignissen wie Studentendemos und dem Häuserkampf. In ihrem Bildband „Großstadt" zeigte sie 1963 ihren persönlichen Blick auf Frankfurt. Die Fotografien von Obdachlosen, die sie für das Programmheft zu Maxim Gorkis „Nachtasyl" für die Berliner Schaubühne machte, zeugen von Zartheit und Zuneigung, mit denen sie die Menschen durch ihre Kamera betrachtete.

Seit den 1970er Jahren lehrte Tüllmann Reportagefotografie in Kassel, Mainz, Hamburg, Berlin, Offenbach und an der Frankfurter Städelschule. Sie starb am 24. September 1996. Ihr Werk ist heute im Theatermuseum in München sowie bei der Stiftung Preußischer Kulturbesitz in Berlin zu finden. 200 ihrer Bilder zählen zur Sammlung des Museums für Moderne Kunst. Mit dem Erlös aus ihrem Archiv wurde auf ihren Wunsch die Abisag-Tüllmann-Stiftung gegründet, die mit dem gleichnamigen Preis künstlerischen Bildjournalismus fördern will.

IM HOF BEFAND SICH DIE
GASTWIRTSCHAFT "ZUR LIEDERHALLE".
AM ... SEPTEMBER 1913 SPRACH
... ROSA LUXEMBURG.

SIE SETZTE SICH FÜR DIE ERHALTUNG
DES FRIEDENS EIN:
"WENN UNS ZUGEMUTET WIRD,
DIE MORDWAFFEN GEGEN UNSERE
FRANZÖSISCHEN UND ANDEREN BRÜDER
ZU ERHEBEN, DANN RUFEN WIR:
DAS TUN WIR NICHT!"

SIE WURDE DESHALB 1914 IN FRANKFURT
WEGEN "AUFWIEGELUNG ZUM
UNGEHORSAM GEGEN DIE OBRIGKEIT"
ZU EINEM JAHR GEFÄNGNIS VERURTEILT.

ROSA LUXEMBURG WURDE AM
15. JANUAR 1919 IN BERLIN ERMORDET.

ROSA LUXEMBURG
1871–1919

23

100 Zur Liederhalle
Ein folgenreicher Besuch
Bockenheim, Basaltstraße 23

Am 21. Februar 1914 war Frankfurt Schauplatz einer besonderen Urteilsverkündung. Vor dem Landgericht stand die bekannte Politikerin Rosa Luxemburg und wurde zu einem Jahr Haft verurteilt. Bestraft wurde sie für eine angebliche Hetzrede, die sie am 26. September 1913 im überfüllten Festsaal „Zur Liederhalle" in Bockenheim, dem heutigen Titania Theater, gehalten haben soll. Eine Gedenktafel erinnert seit zehn Jahren daran. Damals war die Wortführerin der Linken in der SPD von Berlin aus durch Deutschland gereist, um über die Situation der Arbeiterklasse zu sprechen. Bockenheim, 1895 eingemeindet, war von chemischen Werken und Maschinenfabriken geprägt, die Liederhalle der zentrale Versammlungsort der Arbeiterschaft.

Zu ihrer Rede kamen aber auch viele Bürgerliche, darunter zahlreiche Frauenrechtlerinnen. Luxemburg, damals 42 Jahre alt, forderte darin die Arbeiter auf, durch Streiks den drohenden Krieg zu verhindern. Wörtlich sagte sie: „Wenn uns zugemutet wird, die Mordwaffen gegen unsere französischen oder anderen ausländischen Bürger zu erheben, so erklären wir: Nein, das tun wir nicht!" Dieser Satz sollte ihr als „Aufforderung zum Ungehorsam gegen Gesetze und Anordnungen der Obrigkeit" ausgelegt werden. Vor Gericht verteidigte sich Rosa Luxemburg eine Dreiviertelstunde lang. Doch den Richtern genügten stenografische Mitschriften von Journalisten und Zeugenaussagen für die Verurteilung. Ein Manuskript der Rede lag ihnen nie vor. Ihre Haftstrafe trat Luxemburg 1915 im Berliner „Weibergefängnis" an. Als die Frankfurter im Januar 1919 von ihrer Ermordung erfuhren, zog ein Trauerzug mit Tausenden Menschen durch die Stadt. Arbeiter stürmten den Dom und läuteten die Glocken.

101 Zwei-Zimmer-Zuflucht
Die Mahnerin Anja Lundholm
Ostend, Ostendstraße 1

Anja Lundholms kleine Zwei-Zimmer-Wohnung im Ostend war ihre Zuflucht, ihre Höhle. Im Wohnzimmer stapelten sich die Bücher bis unter die Decke. An der alten Schreibmaschine schaffte sie es, sich ihren Erinnerungen an das unfassbare Leid zu stellen, das ihr Leben ihr bereitet hatte. Der eigene Vater, überzeugter Nationalsozialist, hatte die im April 1918 als Helga Erdtmann geborene Frau 1943 denunziert. Sie wurde in Rom verhaftet, von ihrem Neugeborenen getrennt, als politischer Häftling interniert. Über ihr Martyrium im KZ Ravensbrück schrieb sie in schonungsloser Offenheit ihren berühmtesten Roman „Das Höllentor". Mitgefangene retteten ihr dort das Leben, sie konnte schließlich nach Brüssel fliehen, wo sie heiratete. Sie bekam einen Sohn und trennte sich wieder. 1953 siedelte Lundholm nach Frankfurt über. Auch in der dortigen vermeintlichen Sicherheit wurde ihr auf Betreiben des Vaters noch als Alleinerziehende das Sorgerecht für die Kinder aberkannt, die sie erst als Erwachsene wiedersah.

Ihre Wohnung im Ostend sollte schließlich ein weiteres Gefängnis werden, in dem sie leben musste. Die letzten Jahre ihres Lebens, bis zu ihrem Tod am 14. August 2007, konnte die Schriftstellerin sie nicht mehr verlassen. Sie war wegen ihrer Multiplen Sklerose ans Bett gefesselt. Liegend empfing sie die wenigen Besucher, gab Interviews, schrieb Briefe. Dass einige ihrer Romane zum Ende ihres Lebens nicht neu verlegt wurden und zum Teil vergriffen waren, kränkte sie sehr. Dabei zählen die autobiografisch geprägten Bücher bis heute zu den eindringlichsten Schilderungen der Schreckensjahre des NS-Regimes. In den 1990er Jahren wurde sie sogar für den Literatur-Nobelpreis vorgeschlagen.

Literatur

Ackerl, Isabella: Mutige Frauen. 46 Porträts, Wiesbaden 2014

Aust, Stefan: Der Baader-Meinhof-Komplex, Hamburg 2013

Belli-Gontard, Maria: Lebens-Erinnerungen, Frankfurt 1872

Berger, Frank, Setzepfandt, Christian: 101 Unorte in Frankfurt, Frankfurt 2011

Berger, Frank, Setzepfandt, Christian: 102 neue Unorte in Frankfurt, Frankfurt 2012

Berger, Frank, Setzepfandt, Christian: 103 Unorte in Frankfurt, Frankfurt 2013

Dörken, Edith: Berühmte Frankfurter Frauen, Frankfurt 2008

Eckhardt, Hanna: Simon, Liesel. In: Frankfurter Personenlexikon (Onlinefassung), http://frankfurter-personenlexikon.de/node/6434

Einzeln und Gemeinsam. 100 Jahre starke Frauen an der Goethe-Universität, Helma Lutz, Marianne Schmidbaur, Verena Specht-Ronique, Anja Wolde (Hg.), Frankfurt 2014

Elsner, Hannelore: Im Überschwang. Aus meinem Leben, Köln 2011

FrauenStadtbuch Frankfurt, E. Bütfering, U. Hillmann, M.L. Jung, S. Stück, A. Wennagel (Hg.), Frankfurt 1992

Gersdorff, Dagmar von: Marianne von Willemer und Goethe. Geschichte einer Liebe, Frankfurt und Leipzig 2005

Goethe – Briefe aus dem Elternhaus. Hg. und eingeleitet von Ernst Beutler, Frankfurt 2002

Hock, Sabine: Liesel Christ. Volksschauspielerin, Frankfurt 2004

Hock, Sabine: Paulus, Kätchen. In: Frankfurter Personenlexikon (Onlinefassung), http://frankfurter-personenlexikon.de/node/737

Hoffmann, Heinrich: Der Struwwelpeter, Stuttgart 2007

Hoffmann, Hilmar: Erinnerungen, Frankfurt 2003

Hoffmann, Hilmar: Frankfurts starke Frauen, Frankfurt 2006

Kirchner, Anton: Ansichten von Frankfurt am Main, Frankfurt 1818

Klausmann, Christina: Politik und Kultur der Frauenbewegung im Kaiserreich: Das Beispiel Frankfurt, Frankfurt 1997

Klötzer, Wolfgang: Zu Gast im Alten Frankfurt, Frankfurt 1990

Leo, Thorben, Zinzow, Angelika: Tausend tolle Sachen. Das fabelhafte Hotel Goldman, Heidelberg 2007

Lerch, Kent D., Ziethen, Jörg, Ziemann, Sascha: Die Leiden des jungen „Gretchen". Ein Frankfurter Kriminalfall anno 1771/72: Der Prozess gegen die Kindsmörderin Susanna Margaretha Brandt, in: Forschung Frankfurt, Heft 2/2011, S. 49-54.

Lorei, Madlen, Kirn, Richard: Frankfurt und die Goldenen Zwanziger Jahre, Frankfurt 1966

Mattner, Ulrich: Im Frankfurter Bahnhofsviertel. 50 Highlights für Szenegänger, Frankfurt 2013

Sauter, Anke: Ein Leben für die Fürsorge: Stolperstein erinnert an die Frankfurter Juristin Lucy Liefmann. In: Pressemitteilungen der Goethe-Universität Frankfurt am Main (Onlinefassung), https://idw-online.de/de/news631101

Schauroth, Helene von: Lina von Schauroth. Eine Frankfurter Künstlerin, Frankfurt 1984

Schöbel, Gerlind: Allein dem Gewissen verpflichtet. Auf den Spuren von Frankfurter Frauen, Frankfurt 2001

Vogt, Barbara: Siesmayers Gärten, Frankfurt 2009

Wolters, Dierk: Große Namen in Frankfurt. Wer wo lebte, Frankfurt 2012

www.deutschlandfunk.de

www.frankfurterfrauenzimmer.de

www.frankfurter-patriziat.de

www.frankfurter-personenlexikon.de

www.kunst-im-oeffentlichen-raum-frankfurt.de

www.schumann-portal.de

www.wikipedia.de

Archiv der FR, FNP, FAZ

Bildnachweis

1. FFC Frankfurt, S. 178

Barbara Staubach, ernst-may-gesellschaft, S. 142

Corinna Perl-Appl, Deutsches Ledermuseum/Schuhmuseum Offenbach, S. 170

jumpp Frauenbetriebe, S. 94

Kunst im öffentlichen Raum, S. 136

Michael Hohmann, S. 106

Petra Wörner, S. 102

Senckenberg Forschungsinstitut und Naturmuseum, S. 130

Shoe Vita, S. 174

Städel Museum – ARTOTHEK, S. 176

Ulrich Mattner, S. 120, 158

alle weiteren Bilder: Thorsten Willig/Sabine Börchers

Die Autorin

 Sabine Börchers kennt Frankfurt in allen Facetten, seit sie 13 Jahre lang als Lokalredakteurin und Gesellschaftsreporterin für die Frankfurter Neue Presse tätig war. Heute ist die Literaturwissenschaftlerin und Kunsthistorikerin freiberufliche Journalistin und schreibt u. a. für die F.A.Z. Mit ihren Büchern „Wo Frankfurts Bürger feiern" über das Gesellschaftshaus im Palmengarten und „Die Kunst der Balance" über das Tigerpalast-Varieté zeigt sie, dass ihr Herz auch für die Geschichte der Stadt schlägt.

Frank Berger, Christian Setzepfandt
Unorte in Frankfurt

„Ungewöhnlich, unterschätzt, unbekannt. Entdecken Sie verborgene
Seiten von Frankfurt am Main mit unseren Stadtführern der etwas
anderen Art! Ob geheime Plätze oder unkonventionelle Sehenswürdigkeiten – die Reihe begleitet Sie charmant zu 101 und mehr Frankfurter Unorten."

101 Unorte in Frankfurt, 216 Seiten, Broschur,
ISBN 978-3-7973-1248-8, 12,80 Euro
102 neue Unorte in Frankfurt, 216 Seiten, Broschur,
ISBN 978-3-942921-41-1, 12,80 Euro
103 Unorte in Frankfurt, 224 Seiten, Broschur,
ISBN 978-3-95542-007-9, 12,80 Euro

Frank Berger
101 Geldorte in Frankfurt

Von Karl dem Großen bis Mario Draghi wurde in Frankfurt am Main über
Geldpolitik entschieden. Frankfurt war aufgrund der Reichsmessen ein
wirtschaftliches Zentrum des Römischen Reiches deutscher Nation.
1585 entstand hier eine erste Wechselbörse. Traditionelle Geldorte wie
die Börse, die Münzhäuser, Schatzfunde oder die Geschäftshäuser der
großen Bankiers finden sich ebenso wie die glänzenden Türme und
versteckten Nischen der gegenwärtigen Finanzeliten. Auch Falschgeld,
Geldraub und allerlei weitere Skurrilitäten dürfen nicht fehlen.

220 Seiten, Broschur, ISBN 978-3-95542-186-1, 12,80 Euro